EL BANCO CENTRAL: TEORÍA Y PRÁCTICA

Conferencias Lionel Robbins

Peter Temin, *Lessons from the Great Depression*, 1989.

Paul R. Krugman, Exchange-Rate Instability, 1989.

Jeffrey Sachs, *Poland's Jump to the Market Economy*, 1993.

Pedro Aspe, *Economic Transformation the Mexican Way*, 1993.

Yegor Gaidar y Karl Otto Pohl, *Russian Reform/International Money*, 1995.

Robert J. Barro, *Determinants of Economic Growth: A Cross-Country Empirical Study*, 1997.

Alan S. Blinder, *Central Banking in Theory and Practice*, 1998.

Alan S. Blinder
Princeton University

EL BANCO CENTRAL: TEORÍA Y PRÁCTICA

Traducción de
María Esther Rabasco

Antoni Bosch ◯ **editor**

Publicado por Antoni Bosch, editor
Manuel Girona, 61 – 08034 Barcelona
Tel. (34) 932 05 26 06 – Fax (34) 932 80 48 02
e-mail: antonibosch.editor@bcn.servicom.es
http://www.seker.es/insite/antonibosch

Título original de la obra:
Central Banking in Theory and Practice

© 1998, Massachusetts Institute of Technology
© edición en castellano: Antoni Bosch, editor, S.A.

ISBN: 84-85855-90-6
Depósito legal: B-4.410-1999

Diseño de la cubierta: Compañía de Diseño
Ilustración de la cubierta:

Fotocomposición: Alemany, S.C.C.L.
Impresión: Hurope

Impreso en España
Printed in Spain

A Shirley Blinder, con amor

CONTENIDO

PRÓLOGO

Los bancos centrales nunca han sido tan poderosos como actualmente. La política monetaria se ha convertido en el instrumento fundamental de la estabilización macroeconómica, y cada vez es mayor el número de países en los que está en manos de un banco central independiente.

Es, pues, realmente importante el modo en que funcionan los bancos centrales. Para analizarlo, nadie mejor que Alan Blinder, profesor de la Princeton University, que combina un enorme prestigio académico con su experiencia como vicepresidente de la Comisión Ejecutiva de la Junta de la Reserva Federal, el banco central de Estados Unidos.

En las tres conferencias de que constan las Lionel Robbins Memorial Lectures, el profesor Blinder sostiene convincentemente que los bancos centrales sólo pueden gestionarse eficazmente en un marco intelectual apropiado. Éste debe basarse en la optimización dinámica, que se utiliza para seleccionar anualmente un plan, para el año en cuestión y para el futuro, que ofrece la mejor evolución de la producción y de la inflación. Eso no significa que la política se vuelva inflexible, ya que el secreto está en reelaborar el plan cada año. Pero a menos que elijamos la política actual en el marco de una estrategia a más largo plazo, tenderemos a mantener demasiado tiempo una política excesivamente restrictiva o excesivamente laxa.

Fue precisamente este enfoque el que llevó a la Reserva Federal a endurecer la política monetaria a principios de 1994, sabiendo que probablemente la suavizaría de nuevo en 1995. Sólo un proceso de seria reflexión puede llevar a tomar este tipo de decisiones, aunque siempre existe el peligro de que un comité vote a favor de más de lo mismo, hasta que haya demasiado. Cambiar de política siempre debe ser una opción, aunque, como señaló en una ocasión Brainard, los cambios siempre deben ser menores en situaciones de incertidumbre.

En su segunda conferencia, Blinder pasa a analizar el tema concreto de la elección del instrumento monetario y llega a la conclusión de que éste debe ser el tipo de interés, en lugar de algún agregado monetario. La razón se halla simplemente en que las funciones de demanda de dinero son increíblemente inestables y en que, por lo general, el dinero no está ni siquiera cointegrado con la renta. Como dice Gerry Bouey, antiguo gobernador del Banco de Canadá, "nosotros no abandonamos los agregados monetarios, ellos nos abandonaron a nosotros". Por lo tanto, la curva IS es la que manda, y el banco central debe elegir los tipos de interés reales a corto plazo basándose en cuál crea que es el tipo real neutral.

Blinder rechaza, pues, el monetarismo al viejo estilo que se basaba en el análisis de Poole de las inestabilidades funcionales. También rechaza la teoría de que la inconsistencia temporal provoca una inflación excesiva, como sostienen Barro y Gordon. Esta teoría supone que los bancos centrales se inclinan por un volumen de producción superior a la tasa natural de producción. Pero, como señala Blinder, esta teoría no puede ni explicar por qué la inflación aumentó en el periodo 1965-1980, ni por qué disminuyó en el periodo 1980-1995. Blinder atribuye el aumento registrado en el periodo 1965-1980 a las perturbaciones de la oferta y sostiene que la disminución posterior demuestra que los bancos centrales buscan una baja inflación y una producción sostenible sin ningún mecanismo artificial para resolver el problema de la compatibilidad de incentivos.

Por último, Blinder se pregunta si el banco central debe ser independiente y en qué sentido. Sostiene que debe serlo, ya que la experiencia induce a pensar que los bancos centrales independientes consiguen una inflación más baja sin un crecimiento a largo plazo menor. La razón por la que obtienen este resultado es en gran medida la existencia de retardos entre la aplicación de la política monetaria y sus resultados. Un banco central profesional con visos de permanencia tiene más incentivos para conseguir una inflación baja que un gobierno que (cualquiera que sea el objetivo que declare tener) puede conseguir un rápido aumento de la producción a costa de un aumento posterior de la inflación. Un banco central tiene incentivos para ganarse la reputación de mantener baja la inflación, de tal manera que incluso cuando cambia de política la gente no cree que haya cambiado de objetivos. Pero Blinder rechaza las versiones más exageradas de la importancia de la credibilidad, según las cuales un banco central con credibilidad puede modificar las expectativas inflacionistas antes de que realmente disminuya la inflación.

¿Es antidemocrático que el banco central sea independiente? Blinder piensa que no. El objetivo del banco debe ser fijado por los parlamentos y sus gobernadores deben ser nombrados por los parlamentarios (aunque para un periodo de mandato seguro). Independencia no significa más que libertad para controlar los instrumentos que afectan a los objetivos. El banco debe tener, además, un talante abierto y explicar cuidadosamente sus decisiones. Y eso significa, por supuesto, que ha de actuar en un marco intelectual bien definido, que sea perfectamente comprendido tanto fuera del banco como dentro.

Las conferencias del profesor Blinder muestran exactamente hasta qué punto la claridad intelectual puede mejorar la política activa. Deberían leerlas los responsables de la política económica de todo el mundo. Pero sólo los que tuvieron la oportunidad de escucharlas pudieron beneficiarse de su exposición, equiparable a la claridad de sus argumentos. El patronato del Lionel Robbins Memorial Fund está sumamente agradecido a Alan Blinder por su valiosa aportación a un tema de tamaña importancia.

Richard Layard
London School of Economics

Prefacio

No hacía mucho que había abandonado la Comisión Ejecutiva de la Reserva Federal cuando Richard Layard me pidió que pronunciara las Robbins Lectures de 1996. La invitación me brindó la oportunidad de —y, lo que es más importante, me dio el acicate para— profundizar más en algunos de los temas que enuncié por primera vez en las Marshall Lectures pronunciadas en Cambridge en mayo de 1995. Además, como las Robbins Lectures eran tres en lugar de dos, pude añadir temas nuevos e importantes. Y al hablar como ciudadano y no como vicepresidente de la Comisión, podía expresarme abiertamente sin miedo a que se pensara que mis palabras expresaban la opinión oficial de la Reserva Federal. Acepté inmediatamente, y el libro que tiene ante sí el lector es el resultado.

Aunque el manuscrito puede pecar de académico, he tratado de escribirlo teniendo presentes dos audiencias muy diferentes: por una parte, los profesores y los estudiantes universitarios y, por otra, los profesionales que practican el arte de gestionar los bancos centrales y los que, en el mundo financiero y de los negocios, siguen todas las decisiones de los bancos centrales. Confío en que el libro tenga algún atractivo para ambas.

Como todos los autores, estoy en deuda en diferente forma y en diferente grado con muchas personas. Mientras preparaba las Marshall Lectures anteriores, me resultaron sumamente útiles las valiosas aportaciones de muchos miembros del excelente equipo de investigación del Fed. Confío en no olvidar a ninguno al mencionar a Jon Faust, Richard Freeman, Dale Henderson, Karen Johnson, Ruth Judson, David Lindsey, Athanasios Orphanides, Vincent Reinhart, Peter Tinsley y, especialmente, David Lebow, que fue mi ayudante especial en el Fed.

Pero sobre todo aprendí mucho de las conversaciones casi continuas que mantuve con Janet Yellen mientras fuimos miembros de la Comisión Ejecutiva de la Reserva Federal. Éramos el uno para el otro como cajas de resonancia, confidentes y contrincantes intelectuales casi a diario, tanto que en muchos casos no recuerdo si las ideas son mías o suyas.

También agradezco los comentarios recibidos en la Cambridge University y en algunas otras presentaciones de temas afines, así como las observaciones de Stanley Fischer, Marvin Goodfriend y de algunos evaluadores anónimos del manuscrito.

Pero sería un descuido por mi parte no mencionar la enorme deuda de gratitud que he contraído con mis numerosos amigos y colegas de la Comisión Federal de Mercado Abierto y de los bancos centrales de otros países. Trabajar con ellos me ha permitido aprender los aspectos prácticos de la gestión de los bancos centrales, lo que ha enriquecido mis ideas de una forma que sencillamente es imposible en una universidad.

Por último, debo dar las gracias a mi esposa Madeline y agradecer la maravillosa hospitalidad del personal de la LSE y de la familia Robbins, que contribuyeron a que mi estancia en Londres fuera un verdadero placer, ¡a pesar de la lluvia!

Alan S. Blinder
Princeton, NJ
Agosto de 1997

1. Objetivos, instrumentos y demás

1 Introducción

Soy consciente de que éstas son unas conferencias en honor a Robbins y no en honor de Ricardo. Pero les ruego que me disculpen si hago una breve digresión sobre la ventaja comparativa, pues creo desde hace tiempo que la verdadera prueba para saber si una persona es un economista es ver con qué fervor suscribe el principio de la ventaja comparativa. Y no me refiero simplemente a que lo *predique* sino a que lo *practique* realmente. Por ejemplo, siempre albergo dudas sobre los amigos economistas que me cuentan que cortan su propio césped, en lugar de contratar a un jardinero, porque disfrutan realmente cortando la hierba. Dicha así, esa afirmación resulta sospechosa. Y es que una persona que crea verdaderamente en la ventaja comparativa debe ser constitucionalmente incapaz de disfrutar de esa actividad; el David Ricardo que lleva dentro debería hacerle sentirse demasiado culpable.

Como devoto que soy de la ventaja comparativa, el tema de estas conferencias casi se eligió solo. Nuestra profesión puede vanagloriarse de tener economistas teóricos de mayor calado y económetras más cualificados que yo. Pero debe de haber relativamente pocas personas en la Tierra que hayan estado tan inmersas en la política monetaria, tanto desde la perspectiva académica como desde la perspectiva de la gestión de un banco central, como yo. Ahí reside, supongo, mi ventaja comparativa y el tema de estas tres conferencias: la teoría y la práctica de la gestión de los bancos centrales.

Para que resulte manejable, he recortado el tema más allá de lo que podría sugerir una interpretación literal del título. En primer lugar, puedo asegurarles que los bancos centrales se ocupan de muchas cuestiones que están relacionadas tangencialmente, como mucho, con la política monetaria, por ejemplo, la gestión del sistema de pagos y la supervisión de los bancos. Pero yo me atendré a la política monetaria propiamente dicha. En segundo lugar, me ocuparé mucho más de la conducta de los bancos centrales que del mecanismo de transmisión monetaria. En estas conferencias, los tipos de interés a corto plazo son con más frecuencia variables dependientes que variables explicativas.

Las diversas cuestiones de las que me ocupo en estas tres conferencias son piezas de un mosaico que podrían abordarse siguiendo un orden distinto. Pero un conferenciante tiene que trazar algunas líneas divisorias, por muy artificiales que sean, para dividir el tema en partes que puedan abarcarse en una conferencia. Lo he hecho de la siguiente manera. La primera conferencia trata principalmente de toda una variedad de complicaciones que deben afrontar los gestores de los bancos centrales al tratar de poner en práctica el enfoque clásico de los objetivos y los instrumentos. En esta presentación dejo de lado dos importantes cuestiones que abordaré en la segunda conferencia: ¿qué instrumento debe utilizar el banco central?, ¿y debe adoptar una política discrecional o seguir simplemente una sencilla regla? Finalmente, la última conferencia la dedico a algunos aspectos positivos y, especialmente, normativos de la independencia del banco central.

A medida que avancen estas conferencias, quedará patente que la gestión de los bancos centrales parece bastante distinta en la práctica y en la teoría. Una vez vista desde ambos ángulos, creo profundamente que tanto la teoría como la práctica podrían beneficiarse de un mayor contacto y de un mayor entendimiento. Por lo tanto, señalaré periódicamente las oportunidades de fertilización mutua, los aspectos en los que los bancos centrales tienen más que aprender de la investigación académica y los aspectos en los que los economistas académicos podrían beneficiarse de la mayor conciencia práctica de los gestores de los bancos centrales. ¡El arbitraje debería ocuparse del resto!

2 Objetivos e instrumentos: los rudimentos

Los responsables de la política monetaria tienen ciertos objetivos —como una baja inflación, la estabilidad de la producción y quizá el equilibrio exterior— y ciertos instrumentos para hacer frente a sus responsabilidades, como las reservas bancarias o los tipos de interés a corto plazo. A menos que tenga un único objetivo,[1] el banco central debe encontrar un equilibrio entre los distintos objetivos, es decir, debe hacer frente a varias *disyuntivas*. A menos que sus conocimientos de economía sean muy escasos (¡o muy recientes!), estas dos frases les recordarán inmediatamente a Tinbergen (1952) y Theil (1961). Comencemos, pues, por ahí, por el principio.

En teoría, la cosa va de la siguiente manera. Se parte de un conocido modelo macroeconómico, que expresaré en forma estructural:

$$y = F(y, x, z) + e, \qquad\qquad (1)$$

y en forma reducida:

$$y = G(x, z) + e. \qquad\qquad (2)$$

En estas expresiones y es el vector de las variables endógenas (algunas de las cuales son objetivos del banco central), x es el vector de los instrumentos de política (cuya dimensión puede ser igual a uno) y z es el vector de las variables exógenas no relacionadas con la política económica. El vector e de las perturbaciones estocásticas pierde importancia una vez que suponemos, con Tinbergen y Theil, que $F(.)$

es lineal y que la función objetivo de los responsables de la política económica,

$$W = W(y),\qquad(3)$$

es cuadrática. En principio, el responsable de la política económica maximiza el valor esperado de la ecuación (3) sujeto a la restricción (2) para hallar una "regla" óptima de política:

$$x^* = H(z).\qquad(4)$$

Hasta aquí todo es muy sencillo.

¿Qué está mal en este sencillo modelo? Todo y nada. Comenzando por lo segundo, creo que —una vez que añadimos toda una multitud de complicaciones, algunas de las cuales analizaré en la presente conferencia— ésta es la forma correcta en que un banco central debe analizar la política monetaria. Tenemos una economía y, con la salvedad de los instrumentos que controlamos, debemos aceptarla tal como es. También tenemos múltiples objetivos —los nuestros y los que nos encomienda el parlamento— y debemos sopesarlos de alguna forma, aunque quizá no cuadráticamente. Los bancos centrales conciben en gran medida la política monetaria de esta forma, aunque normalmente de una manera mucho más informal.

Pero, como es bien sabido, hay muchas complicaciones. Permítaseme enumerar sólo unas cuantas; me extenderé sobre algunas de ellas en las conclusiones de esta conferencia y en la siguiente:

1. *La incertidumbre sobre el modelo:* En la práctica no sabemos, por supuesto, cuál es el modelo; debemos estimarlo econométricamente. Dado que los economistas discrepan sobre el modelo "correcto" y sobre las técnicas econométricas "correctas", no es un problema nimio. Significa, entre otras cosas, que los multiplicadores de la polí-

tica económica —las derivadas de $G(.)$ con respecto a x— están rodeados de una gran incertidumbre.

2. *Los retardos:* Cualquier modelo macroeconométrico tiene una compleja estructura de retardos que la ecuación (1) no tiene en cuenta. Este problema no es muy importante en principio porque, como aprenden todos los estudiantes de doctorado, para tener en cuenta formalmente esa complicación basta añadir algunas ecuaciones más para las variables retardadas (véase Chow, 1975). Sin embargo, en la práctica plantea serias dificultades que desesperan a los responsables de la política económica.

3. *La necesidad de realizar predicciones:* Como consecuencia de los retardos, la ejecución del modelo de Tinbergen-Theil exige predicciones de la evolución futura de las variables exógenas (en principio, de todo el vector z), que pueden abarcar un periodo bastante largo. Esas predicciones no son ni fáciles de realizar ni especialmente precisas.

4. *La elección del instrumento:* El modelo de Tinbergen-Theil da por sentado que algunas variables son endógenas y otras son instrumentos de política. Sin embargo, en la mayoría de los casos, el banco central tiene al menos una cierta libertad, y es posible que mucha, para elegir su(s) instrumento(s). Una manera de concebirlo es pensar que algunas de las x y de las y pueden intercambiar su lugar a discreción del banco central. Por ejemplo, el tipo de interés a corto plazo puede ser el instrumento de política y las reservas bancarias una variable endógena o al revés. Algunos economistas llevan esta idea demasiado lejos y formulan modelos en los que el banco central puede controlar, por ejemplo, el PIB nominal, la tasa de inflación o la tasa de paro periodo tras periodo. Créanme, no puede. Si pudiera, la política monetaria sería mucho más sencilla de lo que es.

5. *La función objetivo:* El siguiente problema puede formularse en forma de pregunta: ¿quién suministra la función objetivo? Normalmente, la respuesta es nadie. Las autoridades políticas, que son las que deben decidir, al fin y al cabo, esas cosas no dan unas instruc-

ciones tan explícitas a su banco central, si es que llegan a hacerlo. Por lo tanto, los bancos centrales deben crear —en un sentido figurado, no literal— su propia función social de bienestar basándose en su mandato legal, sus propios juicios de valor y quizá su interpretación de la voluntad política. Esta última reflexión trae a colación el tema de la independencia del banco central, del que me ocuparé con profundidad en la tercera conferencia.

Teniendo todo esto en cuenta, un cenizo podría resumir así los problemas que plantea la aplicación del programa de Tinbergen-Theil: no sabemos cuál es el modelo y no sabemos cuál es la función objetivo, por lo que no podemos calcular la regla óptima de política. Para algunos de los que critican la economía "poco práctica" o "teórica" (entre los que se encuentran algunos gestores de los bancos centrales) esta crítica causa sensación. Pero hablando ahora como antiguo gestor de un banco central, creo que ese agnosticismo no es una actitud muy útil. En realidad, en mi opinión, debemos utilizar el enfoque de Tinbergen-Theil —con tantas complicaciones como podamos abarcar— aunque sea de una manera muy informal. Bastará una analogía para explicar por qué.

Pensemos en nuestro papel como dueños de un automóvil. Tenemos varios objetivos a los que contribuye el uso de nuestro automóvil, como ir a trabajar, comprar y hacer viajes de placer. No "conocemos" literalmente la función de utilidad que pondera estos objetivos, pero aún así probablemente queremos maximizarla. El cuidado y el mantenimiento de nuestro automóvil acarrean considerables gastos y tenemos mucha incertidumbre sobre el "modelo" que convierte factores como la gasolina, el aceite y los neumáticos en productos como viajes seguros y sin incidentes. Hay, además, grandes retardos estocásticos entre los gastos de mantenimiento (por ejemplo, frecuentes cambios del aceite) y sus frutos (por ejemplo, mayor longevidad del motor).

¿Qué hacemos? Una posibilidad es ir "apagando fuegos": no hacer nada hasta que algo se rompa, arreglar entonces lo que se haya roto y continuar conduciendo hasta que se rompa la siguiente cosa. Creo que pocos seguimos esta estrategia porque sabemos que da malos resultados.[2] Todos seguimos algo que se parece —filosófica- mente, si no matemáticamente— al modelo de Tinbergen-Theil. Los bancos centrales también lo siguen o, al menos, deberían seguirlo, pues su misión de estabilización fracasará si se limitan a "apagar fue- gos" cuando hay incendios. Permítaseme exponer brevemente cómo se utiliza el modelo de Tinbergen-Theil en la práctica.

En primer lugar, debe haber un modelo macroeconómico. No tiene por qué ser un sistema de varios cientos de ecuaciones estocás- ticas en diferencias, si bien no es un mal punto de partida. En reali- dad, ninguno de los bancos centrales que conozco y, desde luego, no la Reserva Federal, está empeñado en seguir un único modelo econo- métrico de su economía. Algunos bancos tienen modelos de ese tipo, otros no. Pero, aunque no los tengan o no los utilicen, para hacer polí- tica se necesita *algún* tipo de modelo —por muy informal que sea— pues, de lo contrario, ¿cómo podemos comenzar siquiera a estimar los efectos de los cambios en los instrumentos de que disponemos?

Algunos gestores de los bancos centrales se burlan de los grandes modelos macroeconométricos, al igual que algunos economistas del mundo académico. Y sus razones no son muy distintas. Muchos señalan, por ejemplo, la probabilidad de que se produzca un cambio estructural en la economía a lo largo de un periodo de varias déca- das que ponga en duda los supuestos de estacionariedad que subya- cen a los procedimientos econométricos convencionales y, por lo tanto, la idea básica de que el pasado es una guía del futuro. Otros dudan que algo tan complejo como es toda una economía pueda recogerse en unas cuantas ecuaciones. Otros hacen hincapié en mul- titud de problemas técnicos de la econometría de las series tempora- les que ponen en duda cualquier conjunto de coeficientes estimados. Por último, algunos gestores de bancos centrales simplemente no comprenden estas torpes criaturas y no creen que nadie cuente con que acaben comprendiéndolas.

Dejando a un lado la última crítica, hay algo de cierto en todas las demás. Todos los modelos son una simplificación excesiva. Las economías cambian con el paso del tiempo. Las ecuaciones econométricas a menudo no superan los contrastes de estabilidad de las submuestras. Los problemas econométricos como la multicolinearidad, correlación serial y las variables omitidas son problemas omnipresentes en los datos que no tienen un carácter experimental. La crítica de Lucas nos advierte que algunos parámetros pueden cambiar cuando cambia la política.[3] Sin embargo, ¿qué podemos hacer con estos problemas? ¿Mostrarnos escépticos? Por supuesto. ¿Emplear varios métodos y modelos en lugar de uno nada más? Sin duda. Pero ¿renunciar a todos los modelos econométricos? Creo que no. Las críticas de la macroeconometría no están exentas de razón, pero a menudo se exagera su importancia y se malinterpretan sus implicaciones. Estas críticas deben interpretarse como una advertencia —como una llamada a la cautela, a la humildad y a la flexibilidad—, no como una excusa para refugiarse en el nihilismo econométrico. Es una tontería convertir algo que es relativamente útil en el mayor enemigo.

En realidad, yo iría más allá. No creo que los gestores de los bancos centrales puedan permitirse ni siquiera el lujo de prescindir de las estimaciones econométricas. Para elaborar la política monetaria se necesita algo más que la mera información cualitativa que suministra la teoría, por ejemplo, que si los tipos de interés a corto plazo suben, el crecimiento del PIB real disminuirá. Hay que tener información cuantitativa sobre las magnitudes y los retardos, aun cuando esa información sea imperfecta.

A menudo expreso la disyuntiva de esta forma: o bien obtenemos información sobre la economía en las relaciones estadísticas, que hay que admitir que son falibles, o bien se lo preguntamos a tu tío. Yo, desde luego, no he dudado nunca ante esta disyuntiva. Pero me temo que en los círculos gubernamentales en general, y en los aledaños de los bancos centrales, en particular, se pregunta demasiado al tío. Por ejemplo, muchísimos políticos les asegurarán a ustedes que una reducción del impuesto sobre las rentas del capital estimula la inversión. El único problema es que no existe ninguna prueba que confirme esta afirmación. Por poner otro ejemplo, los gestores de los bancos centrales suelen considerar un axioma que los tipos de interés a largo plazo predicen perfectamente a) la inflación o b) los futuros tipos de interés a corto plazo. Desgraciadamente, los datos refutan ambas afirmaciones.

3 Incertidumbres: modelos y predicciones

Pasemos ahora a la primera de las tres enmiendas importantes del modelo de Tinbergen-Theil, comenzando por el hecho evidente de que nadie sabe cuál es el "verdadero modelo". No habría sido nada nuevo para Tinbergen y Theil saber que tanto los modelos como las predicciones de las variables exógenas están rodeados de considerable incertidumbre. Por fortuna, avances posteriores han permitido resolver o esquivar algunos de estos obstáculos.[4] Examinemos muy brevemente tres tipos de incertidumbre.

La incertidumbre sobre las predicciones: en el caso cuadrático lineal, la incertidumbre sobre los valores de las futuras variables exógenas no plantea ningún problema *en principio*; basta sustituir las variables futuras desconocidas por sus valores esperados (el principio de la "equivalencia cierta"). Pero he aquí un caso en el que la distancia entre la teoría y la práctica es enorme debido a que la tarea de generar predicciones insesgadas de docenas o incluso de cientos de variables exógenas es un problema práctico titánico. Es, por ejemplo, una de las principales razones por las que los grandes modelos econométricos no son muy útiles como herramientas de predicción.[5]

Los escépticos suelen poner objeciones a la equivalencia cierta alegando que a) la economía no es lineal y b) no existe ninguna razón especial para pensar que la función objetivo sea cuadrática. Ambas objeciones son indudablemente ciertas y, si se interpretan literalmente, invalidan el principio de la equivalencia cierta. Pero creo que los que menosprecian la utilidad de los modelos econométricos —y, por lo tanto, escapan a su disciplina— suelen exagerar su importancia. Los responsables de la política económica casi siempre emplean los instrumentos de política de tal forma que sólo se producen pequeños cambios en las variables macroeconómicas. Para ese tipo de cambios, cualquier modelo de la economía es aproximadamente lineal y cualquier función objetivo convexa es aproximadamente cuadrática.[6] Por lo tanto, este problema sólo tiene, en mi opinión, una gran importancia práctica en aquellas raras ocasiones en las que se contemplan grandes cambios en la política económica. *La incertidumbre sobre los parámetros:* La incertidumbre sobre los parámetros y, por lo tanto, sobre los multiplicadores de la política económica, es mucho más difícil de resolver incluso a nivel conceptual. Desde luego, no puede aplicarse el principio de la equivalencia cierta. Aunque existen algunas técnicas bastante sofisticadas para hacer frente a la incertidumbre sobre los parámetros en los modelos de control óptimo con aprendizaje, esos métodos han pasado bastante desapercibidos tanto para los macroeconomistas como para los responsables de la política económica. Y creo que por una buena razón: no se pueden realizar experimentos con una economía real únicamente para refinar las estimaciones econométricas.

Existe, sin embargo, un principio que suele olvidarse y que sospecho que es un principio en el que pueden basarse —y se basan de una manera aproximada— los gestores de los bancos centrales en la práctica. Hace muchos años, William Brainard (1967) demostró que, en determinadas condiciones,[7] la incertidumbre sobre los multiplicadores de la política económica debería llevar a sus responsables a ser más *conservadores* en el siguiente sentido: deberían calcular la dirección y la magnitud del cambio óptimo de política, de la manera que recomiendan Tinbergen y Theil, y después llevar a cabo un cambio menor.

Veamos una adaptación trivial del sencillo ejemplo de Brainard. Simplificando la ecuación (2), tenemos que

$$y = Gx + z + e. \tag{2'}$$

Supongamos que G y z son variables aleatorias independientes cuyas medias son g y $\bar{z}$, respectivamente. Los responsables de la política económica desean minimizar $E(y - y^*)^2$. Interpretemos $z + e$ como el valor de y en ausencia de cualquier otro cambio de política $(x = 0)$ y x como el cambio que se está pensando en introducir.[8] Si G es una variable no aleatoria, el ajuste óptimo de la política es la equivalencia cierta:

$$x = (y^* - \bar{z})/G,$$

es decir, consiste en cubrir totalmente la distancia esperada entre y^* y $\bar{z}$. Pero si G es una variable aleatoria cuya media es g y cuya desviación típica es σ, la función de pérdida se minimiza eligiendo

$$x = \frac{y^* - \bar{z}}{g + \frac{\sigma^2}{g}},$$

lo que significa que la política sólo aspira a reducir una parte de la distancia.

Mi intuición me dice que en el mundo real, este resultado es más general —o al menos más sabio— de lo que indican las matemáticas.[9] Y desde luego espero que lo sea, pues puedo decirles a ustedes que siempre lo tuve presente mientras fui vicepresidente de la Reserva Federal. En mi opinión, como ciudadano y como responsable de la política monetaria, un poco de parsimonia por parte del banco central está perfectamente indicada.

La incertidumbre sobre la selección del modelo: La incertidumbre sobre los parámetros, aunque es un problema difícil, al menos está relativamente bien definido. La selección del modelo correcto de entre toda una variedad de posibilidades excluyentes es una cuestión totalmente distinta. Aunque existe alguna literatura formal sobre este problema,[10] creo que se puede decir sin temor a equivocarse que los gestores de los bancos centrales ni conocen esta literatura ni les interesa mucho. Queda la incógnita de saber si están perdiéndose gran cosa.

Mi manera de enfocar este problema mientras estuve en la Reserva Federal fue relativamente sencilla: utilizar una amplia variedad de modelos y jamás confiar demasiado en uno solo de ellos. Así, por ejemplo, cuando los expertos de la Reserva Federal exploraban las consecuencias de distintas medidas, yo siempre insistía en ver los resultados de a) nuestro propio modelo econométrico trimestral, b) algunos otros modelos econométricos y c) toda una variedad de vectores autorregresivos (VAR) que desarrollé con este fin. Mi procedimiento habitual era realizar simulaciones de las distintas políticas utilizando el mayor número de modelos posible, descartar el(los) resultado(s) extremo(s) y promediar el resto. Puede considerarse que este procedimiento es una aproximación burda —mejor dicho, muy burda— de lo que sería un procesamiento óptimo de la información.[11] Como suele decirse, ¡no está mal para estar hecho por un organismo oficial!

4   Retardos en la política monetaria

Todo el mundo sabe que la política monetaria actúa en la economía con "retardos largos y variables". Como he señalado antes, el formalismo del modelo de Tinbergen-Theil puede tener en cuenta fácilmente los retardos distribuidos. Pero el coste es doble. En primer lugar, aumentan las dimensiones del problema; pero con la potencia de los ordenadores modernos, este problema no es muy grave. En segundo lugar, el problema de optimización deja de ser un problema de cálculo diferencial y se convierte en un problema de programación dinámica.[12] Este último punto es importante en la práctica y creo que no es valorado suficientemente por los gestores.

Un problema de programación dinámica normalmente "se resuelve hacia atrás", es decir, si T es el último periodo y x es el instrumento de política, primero hay que resolver un problema de optimización en un periodo para el periodo T y derivar así $_t x_T$ condicionada a una historia pasada (el subíndice posterior indica la fecha del calendario y el subíndice anterior indica la fecha en la que se toma la esperanza matemática). A continuación, dada la solución de $_t x_T$, que depende muy probablemente *inter alia* de $_t x_{T-1}$, se resuelve un problema de dos periodos para $_t x_T$ y $_t x_{T-1}$ conjuntamente. Procediendo de esta manera, siguiendo un proceso de inducción hacia atrás, se obtiene toda una *senda de soluciones*:

$$x_t, \ _t x_{t+1}, \ _t x_{t+2}, \ldots, \ _t x_T.$$

No me malinterpreten. No creo que sea importante para los gestores de los bancos centrales comprender profundamente el principio de Bellman y menos aún las técnicas numéricas que se utilizan para aplicarlo. Lo que importa realmente para tomar decisiones sensatas es la forma en que la programación dinámica nos enseña a analizar los problemas de optimización intertemporal, y la disciplina que impone. Desde mi punto de vista, es esencial que los gestores de los bancos centrales se den cuenta de que en una economía dinámica en la que la política monetaria tiene largos retardos, las decisiones monetarias que se toman hoy deben concebirse como el primer paso de una senda. La razón es sencilla: a menos que se hayan estudiado detenidamente las decisiones que probablemente vayan a tomarse en el futuro, es imposible tomar racionalmente las decisiones actuales. Por ejemplo, cuando un banco central inicia una política restrictiva o laxa, debe tener alguna idea de adónde va antes de dar el primer paso.

Naturalmente, para cuando empiece a transcurrir el periodo $t + 1$, es posible que los responsables de las decisiones de política económica dispongan de nueva información, y es posible que quieran cambiar su decisión provisional anterior $_tx_{t+1}$. Eso está bien. En realidad, dada la información disponible para entonces, es posible que quieran planear una senda totalmente nueva:

$$x_{t+1}, \ _{t+1}x_{t+2}, \ _{t+1}x_{t+3}, \ldots, \ _{t+1}x_T.$$

Pero esto no es motivo para ahorrarse la necesidad de pensar en el futuro para tomar la decisión actual, que es la lección importante de la programación dinámica. Es una lección sumamente práctica y creo que insuficientemente entendida.[13]

Las decisiones relacionadas con la política monetaria —y, de hecho, con otras políticas— se toman con demasiada frecuencia "paso a paso" sin tener una idea clara de cuáles serán probablemente los pasos siguientes. En los círculos de los bancos centrales, a menudo se dice que esa manera de tomar las decisiones es acertada porque mantiene la "flexibilidad" y protege contra la posibilidad de "quedar atrapado" en unas decisiones que el banco central puede lamentar más tarde. He oído frecuentemente opiniones parecidas tanto en las reuniones de la Comisión Federal de Mercado Abierto como en las reuniones internacionales de los gobernadores de los bancos centrales.

Pero esta actitud refleja un malentendido fundamental de la forma en que la programación dinámica nos enseña a pensar. Es absolutamente cierto que debe mantenerse la flexibilidad y que debe evitarse el quedar atrapado. Pero ambas ideas son inherentes a la programación dinámica. Si hay alguna sorpresa, las decisiones que llevaremos realmente a la práctica en el futuro serán diferentes de las que planeamos inicialmente. En esto consiste la flexibilidad. Pero no tener en cuenta lo que probablemente hagamos más adelante es miopía.

Estas cuestiones son muy intuitivas. Las personas normales y corrientes que sean racionales, aunque no comprendan las sutilezas del cálculo de variaciones, no considerarán sensato prescindir del futuro, por desconocido que sea, para "mantener la flexibilidad". Pensemos, por ejemplo, en los estudiantes que hacen sus planes educativos y profesionales. Cuando eligen una carrera, muchos universitarios piensan en sus objetivos profesionales últimos. Saben que su bola de cristal está borrosa y se dan cuenta de que puede haber muchas razones para cambiar de opinión por el camino. Pero, a pesar de eso, les parece racional hacer planes con antelación cuando toman la decisión inicial. Y tienen razón.

La aplicación de este análisis abstracto a un problema concreto de la política monetaria puede ayudar a resolver una vieja cuestión. Se ha acusado frecuentemente a los responsables de la política económica de Estados Unidos y de otros países de cometer un error sistemático cuando se trata de fijar el calendario de los cambios de política. Concretamente, se les acusa de una cierta inercia, ya sea en el mantenimiento de una política restrictiva o de una política laxa.[14] Creo que esta crítica puede ser cierta, aunque no conozco ningún estudio sistemático que lo demuestre. Creo, además, que el error, si existe, podría deberse a que se sigue una estrategia que yo llamo de "mirar por la ventana".

El error queda perfectamente ilustrado por lo que podemos llamar la parábola del termostato. Es probable que a ustedes les haya ocurrido lo siguiente; a mí me ha ocurrido, desde luego. Llegas de noche a un hotel desconocido y te parece que hace demasiado frío en la habitación. Enciendes la calefacción y te duchas. Al salir 10 minutos más tarde, te sigue pareciendo que hace demasiado frío, por lo que subes algo más la calefacción y te vas a dormir. Hacia las 2 de la mañana, te despiertas empapado de sudor en una habitación en la que hace un calor sofocante.

Por analogía, un banco central que sigue la estrategia de "mirar por la ventana" actúa de la siguiente manera. Para ser más concretos, supongamos que está endureciendo la política monetaria. Cada vez que el banco tiene que tomar una decisión, toma la temperatura de la economía y, si sigue siendo demasiado alta, endurece algo más las condiciones monetarias. Dados los largos retardos de la política monetaria, podemos ver fácilmente que ese tipo de estrategia puede llevar al banco central a mantener una política restrictiva durante demasiado tiempo.

Comparemos ahora la estrategia de "mirar por la ventana" con la optimización dinámica propiamente dicha. En la programación dinámica, el banco proyectaría en cada fase toda una senda de futuras decisiones de política monetaria, y calcularía las sendas de las variables económicas clave. Naturalmente, en cada ocasión sólo tomaría la decisión del momento. Entonces, si las cosas marcharan conforme a lo previsto, seguiría la senda proyectada, que (dados los retardos de la política monetaria) probablemente le indicaría que debe relajar su política restrictiva mientras la temperatura de la economía aún es "alta". Naturalmente, la economía raras veces evoluciona como uno espera. Las sorpresas son lo normal, no la excepción, lo que obligaría al banco central a introducir cambios en la senda esperada. Si la economía avanzara más deprisa de lo previsto, el banco endurecería más su política. Si la economía perdiera gas antes de lo previsto, el banco aplicaría una política menos restrictiva o incluso invertiría su rumbo.

¿Se comportan realmente así los bancos centrales? Sí y no. Como un hábil jugador de billar que no entiende las leyes de la física, un hábil profesional de la política monetaria puede seguir una estrategia conforme a la programación dinámica de manera intuitiva e informal. Por ejemplo, en los últimos años parece que se ha puesto de moda en los bancos centrales la idea de que es acertado seguir una estrategia de "ataques preventivos" contra la inflación. Creo que el motivo principal de este cambio de moda es el liderazgo y el supuesto éxito de la Reserva Federal, primero, cuando endureció con carácter "preventivo" la política monetaria a principios de 1994 y, después, cuando consiguió el famoso "aterrizaje suave". Actualmente, muchos otros bancos centrales están empleando un lenguaje similar. Pero el propio hecho de que se crea que esta forma de tomar decisiones constituyó un gran avance parece indicar que la manera de pensar de la programación dinámica aún no ha calado en los bancos centrales.

Una estrategia preventiva implica tener un cierto grado de confianza tanto en nuestra capacidad de predicción como en el modelo que refleja el modo en que afecta la política monetaria a la economía, lo cual es, en ambos casos, arriesgado. Pero la prevención no exige tener una gran confianza. Recuérdese el principio de la flexibilidad de la programación dinámica y el principio conservador de Brainard. Juntos llevan al siguiente tipo de estrategia:[15]

Primer paso. Se estima cuánto se necesita endurecer o suavizar la política monetaria para "acertar". Entonces se endurece o se suaviza menos.
Segundo paso. Se vigilan los acontecimientos.
Tercer paso (a). Si las cosas salen como se esperaba, se continúa aplicando una política restrictiva o laxa en la línea de lo calculado en el primer paso.
Tercer paso (b). Si parece que la economía no está evolucionando como se esperaba, se ajusta la política en consecuencia.

Conviene hacer dos últimas observaciones a propósito de la política monetaria preventiva. En primer lugar, una política de estabilización que tenga éxito y que se base en ataques preventivos parecerá desencaminada y, por lo tanto, puede exponer al banco central a fuertes críticas. La razón es sencilla. Si las autoridades monetarias endurecen su política tan pronto que nunca hay inflación, el ataque preventivo es un éxito rotundo, pero los críticos del banco central se preguntarán —en voz alta, sin lugar a dudas— por qué el banco apostó por una política restrictiva cuando no asomaba por ningún lado el dragón inflacionista. Igualmente, un ataque preventivo contra la atonía económica que tenga éxito impedirá que aumente el paro y llevará a los críticos a quejarse de que las autoridades alucinaban cuando creyeron ver un aumento del paro. Son exactamente estas críticas a la política restrictiva del Fed en 1994-1995 y a su política laxa de 1995-1996 las que se han oído en Estados Unidos en los últimos años.

En segundo lugar, la lógica en la que se basa la estrategia del ataque preventivo es simétrica. El mismo razonamiento que dice que un banco central debe adelantarse a la inflación dice también que debe luchar preventivamente contra la posibilidad de que aumente el paro. Ésa es la razón por la que el gobernador Alan Greenspan dijo ante el Congreso de Estados Unidos en febrero de 1995, justo después de que el Fed hubiera dado por terminada una política restrictiva de un año de duración, que subió los tipos de interés a corto plazo 3 puntos, que "es posible que llegue un momento en que mantengamos nuestra política monetaria o incluso la suavicemos, a pesar de que los datos sobre los precios sean negativos, si tenemos indicios de que las fuerzas subyacentes están frenando en última instancia las presiones inflacionistas".[16] En realidad, la propia afirmación vino a ser como una suavización de la política monetaria, ya que dio lugar a una recuperación del mercado de bonos mucho antes de que el Fed comenzara a bajar los tipos de interés (lo que no ocurrió hasta julio de 1995). Es notable el hecho de que tanto la afirmación de Greenspan como la bajada de los tipos de interés del Fed de julio de 1995 se produjeran mientras la tasa de paro era inferior a las estimaciones del momento de la tasa natural.

¿En qué circunstancias la estrategia del ataque preventivo podría ser más apropiada para luchar contra la inflación que para luchar contra el paro?

En primer lugar, si la curva de Phillips a corto plazo es claramente no lineal tal como la trazó inicialmente Phillips, lo que quiere decir que una tasa de paro baja eleva la inflación más de lo que una tasa elevada de paro la reduce. Pero, con las debidas disculpas a los notables ejercicios de ajuste de la curva realizados en la London School of Economics en los años cincuenta, los datos de Estados Unidos refutan claramente esta hipótesis. Una curva de Phillips lineal se ajusta extraordinariamente bien a los datos[17] y los contrastes de no-linealidad sugieren, en todo caso, una curva de Phillips cóncava (hacia el origen) más que una curva convexa.[18]

En segundo lugar, la función de pérdida del banco central podría dar mucho más peso a la inflación que al paro, como han sugerido algunos observadores del comportamiento de los bancos centrales y como mandan los estatutos de muchos bancos centrales (aunque no los del Fed).

En tercer lugar, los retardos de la política monetaria podrían ser más largos en el caso de la lucha contra la inflación que en el de la lucha contra el paro, lo que exigiría lanzar antes un ataque preventivo en el primer caso. Esta última circunstancia parece que se cumple, y podría ser la principal justificación para actuar preventivamente contra la inflación más que contra el paro.

Obsérvese, sin embargo, que las consideraciones políticas apuntan más en sentido contrario. En la mayoría de las situaciones, el banco central caldeará mucho más los ánimos políticos cuando endurezca su política preventivamente para evitar que aumente la inflación que cuando la suavice preventivamente para evitar un aumento del paro.

5   Las decisiones de los bancos centrales cuando las toman comités

Hasta ahora he ofrecido una explicación de la supuesta tendencia de los bancos centrales a mantener durante demasiado tiempo el rumbo de la política monetaria, es decir, a endurecerla durante demasiado tiempo y provocar así recesiones y a suavizarla durante demasiado tiempo, permitiendo de ese modo que arraigue la inflación. Me he referido a ello como el hecho de que no internalicen la forma de pensar de la programación dinámica. Pero es posible que también contribuya a este problema una destacada característica de algunos bancos centrales (incluida la Reserva Federal). Concretamente, en muchos países la política monetaria no es competencia de una única persona sino de una *comisión*.

Mientras pertenecí a la Comisión Federal de Mercado Abierto (*Federal Open Market Committee* –FOMC–), se me recordaron vívidamente algunas cosas sobre los comités que probablemente todos nosotros sabemos: que agregan trabajosamente las preferencias personales; que necesitan ser dirigidos; que tienden a adoptar soluciones de compromiso cuando se trata de cuestiones difíciles, y —debido quizá a todo lo anterior— que tienden a dejarse llevar por la inercia. Si Newton hubiera pertenecido en Cambridge a más comisiones, es posible que su primera ley del movimiento hubiera dicho lo siguiente: un órgano de decisión en reposo o en movimiento tiende a permanecer en reposo o en movimiento en la misma dirección a menos que actúe sobre él una fuerza externa.

La tendencia a dejarse llevar por la inercia tiene sus virtudes, como explicaré enseguida, pero también tiene algunos defectos. En particular, las decisiones de una comisión pueden contribuir a los errores sistemáticos que ya he mencionado al inducir al banco central a mantener durante demasiado tiempo el rumbo de su política monetaria.

Aunque la Comisión Federal de Mercado Abierto no ha sido inmune a este mal a lo largo de los años, hay al menos una tradición en la Reserva Federal que tiende a minimizarlo: la del poderoso gobernador. La ley establece que cada uno de los 12 miembros de la Comisión que tienen derecho a votar tiene un voto. Pero nadie ha dudado nunca de que Alan Greenspan o Paul Volcker o Arthur Burns eran "más iguales" que los demás. El gobernador de la Reserva Federal no se encuentra casi nunca en el bando perdedor en una votación sobre política monetaria. Por lo tanto, las decisiones de la Comisión son en gran medida sus decisiones, atemperadas por las opiniones de los demás miembros. No obstante, un gobernador que necesita buscar el consenso puede tener que actuar más despacio que si actuara solo.

Pasemos ahora a los aspectos positivos. Estados Unidos es el país de los pesos y los contrapesos. Nuestras tradiciones políticas albergan un gran temor al poder centralizado. Es una forma antigobierno de gobierno, el pequeño gobierno que no podía hacer nada porque estaba atado de pies y manos. Sin embargo, la Comisión Federal de Mercado Abierto tiene una libertad casi absoluta para hacer lo que le plazca con la política monetaria, sin pedir permiso a ninguna otra instancia del Estado y sin temor a recibir contraórdenes. Mientras las decisiones de la Comisión se tomen ciñéndose a las normas y se mantengan dentro de las competencias legales del Fed, la Comisión ni es frenada ni contrarrestada, al menos no aparentemente.

Pero el carácter de grupo de las decisiones de la Comisión crea lo que equivale a un sistema *interno* de pesos y contrapesos. Ningún gobernador puede alejarse demasiado de la idea predominante en la Comisión. La toma de decisiones por medio de un comité, sobre todo cuando existe una arraigada tradición de consenso, hace que resulte muy difícil que prevalezcan las opiniones idiosincrásicas.[19] Las decisiones relacionadas con la política monetaria tienden, pues, a concentrarse en torno a la media y a dejarse llevar por la inercia y, por lo tanto, a estar sesgadas exactamente de la misma forma que las expectativas adaptativas están sesgadas en relación con las expectativas racionales. Pero este tipo de errores, aunque sistemáticos, generalmente son pequeños y tienden a reducirse con el paso del tiempo. Y, a cambio, el sistema crea unas salvaguardias naturales contra los errores realmente terribles.

Dejo a algún teórico inteligente que demuestre que la Comisión Federal de Mercado Abierto es un ejemplo de diseño institucional óptimo. Mi propio presentimiento es que, en conjunto, la inercia adicional que imparte a la política monetaria la toma de decisiones en grupo constituye un beneficio neto para la sociedad. Constituye, al menos, una especie de freno contra algún gobernador del Fed que pusiera en su trabajo un exceso de celo. Pero lo que quiero decir es más sencillo: mi experiencia como miembro de la Comisión me dejó la firme impresión de que la ficción teórica de que la política monetaria es elaborada por una única persona que maximiza una función de preferencias perfectamente definida pasa por alto algo importante. A mi juicio, los economistas teóricos deberían comenzar a prestar alguna atención a la naturaleza de la toma de decisiones en comités, algo que raras veces se menciona en la literatura académica.[20]

6 Conclusiones

Sin embargo, en conjunto el mensaje de esta conferencia es bastante alentador. Tinbergen, Theil, Brainard y otros nos han enseñado desde sus universidades enclaustradas valiosas lecciones que, aunque abstractas, han tenido una utilidad práctica directa en la gestión de los bancos centrales. Lo mismo han hecho otros investigadores que han profundizado en sus ideas, han puesto en evidencia nuevas dificultades y han aplicado instrumentos técnicos más poderosos, como los modelos macroeconométricos y la programación dinámica. Sus ideas no dan respuestas fáciles a los gestores de los bancos centrales y sus técnicas no pueden aplicarse mecánicamente. El mundo real es mucho más complejo. La gestión de los bancos centrales debe ser, pues, tanto un arte como una ciencia. No obstante, la ciencia sigue siendo útil; al menos para mí lo fue mucho mientras estuve en la Comisión Ejecutiva de la Reserva Federal.

Estoy convencido de que los gestores de los bancos centrales podrían aprender mucho del mundo académico. Por ejemplo, he hecho hincapié en que la forma de pensar de la programación dinámica no está suficientemente arraigada en los hábitos de los responsables de la política monetaria, que se limitan con demasiada frecuencia a "mirar por la ventana" y basan sus decisiones únicamente en las circunstancias del momento. Creo que esto es un error fundamental y una de las razones por las que los bancos centrales suelen pecar de una excesiva inercia.

También parece que los gestores de los bancos centrales recurren demasiado a "preguntar a su tío", en comparación con lo que recurren a la evidencia econométrica. Una cosa es mantener un cierto escepticismo a propósito de las estimaciones econométricas; ese escepticismo es perfectamente apropiado. Pero no debe permitirse que el sano escepticismo se convierta en un nihilismo econométrico, lo cual suele ser con demasiada frecuencia una excusa para dejarse llevar por las ilusiones y escapar de la disciplina que imponen los datos.

Pero, por favor, no piensen que creo que todo el saber reside en las universidades, de donde fluye, con algunas dificultades, a los bancos centrales. En la siguiente conferencia disiparemos esa idea totalmente. Tras abordar brevemente un tema más en el que el pensamiento académico ha tenido razón y ha triunfado —la elección del instrumento monetario— pasaré a analizar detalladamente el debate sobre la bondad de las reglas o de la discrecionalidad, afirmando que una gran parte de las investigaciones académicas recientes han errado el tiro. Sobre esa cuestión creo que el mundo académico debe aprender de los gestores de los bancos centrales, y cuanto antes mejor.

2. LA ELECCIÓN Y EL USO DE UN INSTRUMENTO DE LA POLÍTICA MONETARIA

1 Introducción

Al abordar las incertidumbres que rodean a la política monetaria en la primera conferencia, corrí un tupido velo sobre una cuestión básica: ¿cuál es el instrumento de la política monetaria? ¿Qué instrumento controla realmente el banco central?

El modelo de Tinbergen-Theil elude una de las controversias más persistentes de la teoría monetaria al llamar "objetivos" a unas variables e "instrumentos" a otras, como si ésa fuera una característica congénita. Está claro que no lo es. Los bancos centrales de todo el mundo deben elegir sus instrumentos de política, por lo que comenzaré la segunda conferencia con unas cuantas reflexiones sobre esa elección. Aunque se trata de una cuestión muy trillada, introduciré un poco de novedad proponiendo una respuesta a una pregunta que desespera desde hace tiempo tanto a los economistas monetarios teóricos como a los más aplicados: ¿cómo definimos una política monetaria "neutral"?

Dedicaré, sin embargo, la mayor parte de esta conferencia a una cuestión aún más básica y polémica: si tiene sentido adoptar una política monetaria discrecional en lugar de basarla en una sencilla regla mecánica, es decir, al viejo debate sobre la elección entre las reglas y la discrecionalidad. Como sugerí al final de la primera conferencia, en este aspecto seré muy crítico con una gran parte de las investigaciones académicas recientes que, en mi opinión, no han tenido suficiente contacto con la realidad.

2 La elección del instrumento monetario

En los modelos sencillos, comenzando con el de Poole (1970), la elección del instrumento monetario suele plantearse como una contienda entre el tipo de interés, r, y la oferta monetaria, M. En un caso, r es el instrumento y M es una variable endógena. En el otro, se invierten los papeles. Esta dicotomía es, desde luego, demasiado limitada y demasiado simple. En realidad hay muchas más opciones, entre las cuales se encuentran varias definiciones de M, varias elecciones posibles de r, de las reservas bancarias y del tipo de cambio. Es dudoso, además, que pueda controlarse firmemente durante breves periodos de tiempo, como un día o una semana, cualquier definición interesante de M o cualquier tipo de interés que no sea el tipo interbancario a un día. En Estados Unidos, el tipo de los fondos federales y las reservas bancarias probablemente sean las únicas opciones viables. Pero hay otras variables, como diversos conceptos de M, que se convierten en candidatos si el periodo de control es más largo —por ejemplo, un trimestre— y las tolerancias de control mayores.

El problema intelectual es sencillo en principio. Para elegir el instrumento apropiado, se puede formular y resolver el problema de optimización dinámica apropiado, calcular el valor minimizado de la función de pérdida y seleccionar el *minimum minimorum* para determinar el instrumento óptimo. En la práctica, se trata de una prodigiosa hazaña técnica que raras veces se lleva a cabo.[1] Estoy bastante seguro de que ningún banco central ha seleccionado nunca su instrumento de esa forma. Pero, una vez más, los jugadores de billar pueden practicar la física intuitivamente.

Volviendo a la dicotomía de Poole, permítanme recordarles su conclusión básica: cuando las perturbaciones de la LM son grandes, es preferible elegir los tipos de interés como objetivo, mientras que si son las perturbaciones de la IS las que son grandes, es mejor elegir la oferta monetaria.[2] Tras el artículo fundamental de Poole, los teóricos monetarios dedicaron mucha atención a su planteamiento de la cuestión, que fue abordada de muy diversas maneras. Una de esas aportaciones, la de Sargent y Wallace (1975), fue, de hecho, una de las que desencadenó el debate sobre las expectativas racionales.

No discuto que una gran parte de aquellos debates mereciese la pena y fuera intelectualmente fascinante. Pero al final fueron los hechos, no la teoría, los que decidieron la cuestión. La feroz inestabilidad de las curvas LM estimadas en Estados Unidos, el Reino Unido y muchos otros países, que comenzó en los años setenta y se ha mantenido hasta la actualidad, llevó a los economistas y a los responsables de la política económica a extraer la conclusión de que la elección de la oferta monetaria como objetivo sencillamente no es una opción viable. Algunos agregados monetarios de Estados Unidos muestran cuán contundente es esta evidencia.

La versión más débil del monetarismo debe ser, sin duda, la idea de que el dinero y la renta nominal están cointegrados, pues si no existe esa relación a largo plazo, ¿para qué preocuparse por la conducta de las *M*? Sin embargo, una serie de contrastes de cointegración de *M1* y el PIB nominal de Estados Unidos, basada en muestras móviles de datos trimestrales que comienzan el primer trimestre de 1948 y terminan en distintas fechas, no refuta la hipótesis de que no existe cointegración tan pronto como se amplía el final de la muestra a los últimos años de la década de los setenta.[3] Es decir, los logaritmos naturales de *M1* y el PIB nominal sólo están cointegrados en periodos muestrales como 1948-1975, no a partir de entonces.

La aparente cointegración entre *M2* o *M3*, por una parte, y el PIB nominal, por otra, dura más. Pero también desaparece en un agujero negro en los años noventa. En realidad, esta afirmación es demasiado generosa con el monetarismo basado en *M2* o *M3*, ya que los datos que se limitan a periodos como el de 1948-1980 no indican la existencia de cointegración. Sólo aparece un vector de cointegración cuando la muestra se amplía hasta bien entrada la década de los ochenta, pero desaparece de nuevo cuando se añaden los datos del periodo que comienza en la década de los noventa. En una palabra, no existe ninguna relación estadística estrecha a largo plazo entre el PIB nominal y *cualquiera* de las tres definiciones oficiales de M que da la Reserva Federal, en *cualquier* muestra que incluya la década de los noventa.

Como consecuencia de hechos tan descarnados, la elección del tipo de interés como objetivo ganó por goleada en Estados Unidos y en otros países. Como dijo Gerry Bouey, antiguo gobernador del Banco de Canadá, "no fuimos nosotros quienes abandonamos a los agregados monetarios, fueron ellos los que nos abandonaron a nosotros". A menudo, a los economistas que tienen inclinaciones monetaristas (especie en extinción, desde luego) les planteo la cuestión de la siguiente forma: si quieres que el Fed elija como objetivo la tasa de crecimiento de M, primero debes responder a dos preguntas: ¿qué definición de M y a qué ritmo debe crecer? En los últimos años, estas preguntas causan estupor, pues nadie consigue darles una respuesta coherente.

La muerte del monetarismo no impide seguir una política monetaria basada en reglas. Pero sí significa que la regla no puede ser una regla de crecimiento del dinero. Enseguida volveré al debate más general sobre la elección entre las reglas y la discrecionalidad.

¿Podemos, pues, decir que la literatura teórica sobre la elección del instrumento monetario carece de interés en la práctica? En absoluto. En realidad, resulta difícil imaginar un aspecto de la política monetaria en el que la interrelación de la teoría y la práctica haya sido más provechosa. La conclusión de Poole era en teoría que la inestabilidad de la curva LM debería llevar a los bancos centrales a elegir como objetivo los tipos de interés a corto plazo. En la práctica, las curvas LM se volvieron extraordinariamente inestables y los bancos centrales abandonaron, uno tras otro, cualquier intento de elegir como objetivo los agregados monetarios.

En el caso de la Reserva Federal, el breve y tumultuoso experimento realizado con el monetarismo entre 1979 y 1982 fue probablemente un matrimonio de conveniencia más que un capricho pasajero. La retórica monetarista proporcionó al Fed un escudo térmico político cuando subió los tipos de interés a niveles insoportables. En cualquier caso, el Fed inició el proceso gradual de abandonar la fijación de *M* en 1982. La fijación de un intervalo de crecimiento de *M1* se abandonó formalmente en 1987, pero la de *M3* y, especialmente, la de *M2* conservaron un cierto papel secundario en la formulación de la política monetaria hasta 1992, al menos en teoría. Finalmente, en febrero de 1993, el gobernador del Fed, Alan Greenspan, anunció con una declaración formidablemente eufemística que el Fed estaba concediendo "menos peso a los agregados monetarios como guía de la política".[4] ¿Menos? ¿No sería cero? La proclamación de Greenspan fue acogida con aburrimiento tanto en el mundo académico como en los mercados financieros, ya que se consideró que no aportaba ninguna novedad.

Sin embargo, como siempre, las leyes van muy por detrás tanto del saber académico como de la práctica de los bancos centrales. La ley Humphrey-Hawkins, una ley de 1978 que todavía aparece en los libros, obliga a la Reserva Federal a informar al Congreso dos veces al año de los intervalos de crecimiento del dinero fijados como objetivo, cosa que el Fed hace diligentemente. Pero es un ritual vacío de contenido. La relevancia que pueda tener para la política monetaria se les escapa a todas las partes implicadas.

3   Los tipos de interés reales y la política monetaria "neutral"

Los tipos de interés ganaron por goleada. Pero ¿qué tipo de interés deben controlar las autoridades monetarias? ¿Y pueden realmente controlarlo?

La mayoría de los economistas interesados en los trabajos empíricos estaría de acuerdo con la siguiente proposición, que parece plantear un gran dilema a la política monetaria: los componentes de la demanda agregada sensibles a los tipos de interés reaccionan principalmente al tipo real a largo plazo, mientras que el banco central sólo controla el tipo nominal a corto plazo. En otras palabras, el tipo de interés que puede controlar el banco central no importa (mucho), y los tipos que realmente son importantes no pueden ser controlados. A primera vista, parece una conclusión devastadora. Pero las cosas no están tan mal como parece.

Obsérvese que estamos haciendo dos distinciones: los tipos de interés nominales no son tipos reales y los tipos a corto plazo no son tipos a largo plazo. En esta segunda conferencia me gustaría centrar la atención en la distinción entre real y nominal, por lo que confío que me permitan tomarme la libertad de aceptar el supuesto de que la teoría de las expectativas establece una relación entre los tipos a largo plazo y los tipos a corto plazo, cómoda ficción que desacreditaré en la siguiente conferencia.

Actualmente, en Estados Unidos casi todos los economistas, académicos o no, coinciden en que el tipo de los fondos federales —el tipo a un día del mercado interbancario de reservas— es el instrumento fundamental de la Reserva Federal.[5] También coincide en ello el Fed. Pero el tipo de los fondos federales es, por supuesto, un tipo nominal, lo cual significa que la Comisión Federal de Mercado Abierto (*Federal Open Market Committee*, FOMC) debe actuar con el tipo nominal aunque piense en términos del real. Afortunadamente, esta pequeña gimnasia mental no es demasiado difícil de hacer a corto plazo, ya que las expectativas inflacionistas poseen, en circunstancias normales, una gran inercia. Por lo tanto, el Fed puede confiar, razonablemente, en que las variaciones a corto plazo del tipo nominal de los fondos federales significan variaciones del tipo real de los fondos federales.

Sin embargo, a largo plazo no todo es tan sencillo; y los errores, si no se corrigen, pueden ser terriblemente perjudiciales. La razón se conoce perfectamente desde hace años. Supongamos que al elegir un tipo de interés nominal, el banco central fija erróneamente un tipo de interés real demasiado alto. Ese error restringirá la demanda agregada, acabará abriendo una brecha en el PIB y, con un retardo, comenzará a reducir la inflación. Si el banco central no ajusta a la baja su tipo de interés nominal cuando disminuye la inflación, el tipo real subirá aún más. Eso supone que habrá problemas. La brecha en el PIB aumenta, la inflación disminuye más deprisa y los tipos reales suben aún más. La economía inicia una rápida caída desinflacionista.

Ocurre lo contrario si el tipo de interés nominal se fija accidentalmente en un nivel que hace que el tipo de interés real sea demasiado bajo. En ese caso, la política monetaria laxa acaba provocando un desbordamiento del PIB potencial y, por lo tanto, un aumento de la inflación. Si el banco central mantiene fijo el tipo de interés nominal cuando aumenta la inflación, el tipo real baja aún más, la demanda agregada se estimula todavía más y la economía inicia una carrera inflacionista.

La moraleja de la historia es simple: fijar empecinadamente el tipo de interés nominal mientras la inflación está variando (en cualquiera de los dos sentidos) probablemente sea peligroso para la salud de la economía. Antes de que pase mucho tiempo, el banco central deberá ajustar su tipo nominal con el fin de que el tipo real vuelva a su marco *neutral*.

¿Cuál es la palabra que acabo de utilizar? ¿Neutral? Debo detenerme un momento a examinar un concepto destacado en la prensa financiera actual, aun cuando no exista ninguna definición en la que esté de acuerdo todo el mundo: el *tipo de interés real neutral*. Permítanme proponer primero una definición y defenderla después.[6]

En cualquier momento del tiempo, dados todos los determinantes habituales de la demanda agregada —incluida la política fiscal, el tipo de cambio y las propensiones al gasto de los consumidores y de los inversores— la economía tiene una *curva IS de estado estacionario*. Por curva IS de estado estacionario entiendo la curva IS a la que se llega una vez cumplidos todos los retardos y siempre que todas las perturbaciones aleatorias sean iguales a cero. Concretamente, si la curva IS normal se expresa de la forma siguiente:

$$y = f(f_{-1}, r, x, G, \ldots) + e,$$

la curva IS de estado estacionario es:

$$y = f(y, r, x, G, \ldots)$$

Se denomina "IS" en la figura 2.1.

Propongo definir el tipo de interés real neutral, r^*, como el tipo de interés que iguala el PIB a lo largo de esta curva IS de estado estacionario y el PIB potencial, y^*; implícitamente,

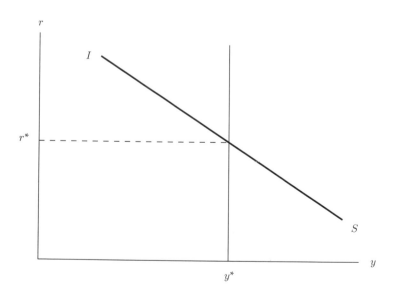

Figura 2.1. El tipo de interés real neutral.

$$y^* = f(y^*, r^*, x, G, \dots)$$

Gráficamente, es el punto del gráfico en el que la curva IS de estado estacionario corta la recta vertical situada en el PIB potencial. Obsérvense varias características fundamentales de esta definición.

En primer lugar, si el tipo de interés real es inferior al tipo neutral, la demanda agregada acaba siendo mayor que el PIB potencial, lo que provoca un aumento de la inflación. En cambio, un tipo de interés real superior al neutral acaba siendo desinflacionista. Por lo tanto, la definición propuesta de neutralidad está pensada totalmente desde el punto de vista del control de la inflación, como parece lógico, dado que la estabilidad de los precios es la responsabilidad principal a largo plazo de cualquier banco central. Según la definición que propongo, la política monetaria "neutral" es compatible con una inflación constante a medio plazo. Cualquier tipo de interés real más alto constituye una "contracción monetaria" y acaba logrando una disminución de la inflación; y cualquier tipo real más bajo es una "expansión monetaria" y acaba logrando un aumento de la inflación.

En segundo lugar, el tipo de interés real neutral no es una cifra fija. Depende, entre otras cosas, de la política fiscal y del tipo de cambio; y es sensible a otras perturbaciones permanentes (aunque no temporales) de la curva IS. Utilizo la curva IS de estado estacionario para definir exactamente el tipo de interés real neutral, con el fin de eliminar las fluctuaciones transitorias de la demanda y centrar la atención en los factores a más largo plazo. Pero las perturbaciones duraderas de la curva IS sí alteran el tipo neutral.

En tercer lugar, e implícito en lo que acabo de decir, el tipo de interés real neutral es difícil de estimar e imposible de conocer con precisión. Por lo tanto, la manera más útil de concebirlo es como un concepto más que como una cifra, como una forma de analizar la política monetaria más que como la base para establecer una regla mecánica.

Pero es un concepto práctico. Puede estimarse principalmente de dos formas. Una consiste en resolver explícitamente un modelo macroeconométrico completo y hallar su tipo neutral. Cada modelo econométrico produce, por supuesto, una estimación numérica diferente, por lo que deben examinarse varios modelos. Bomfim (1997) ha utilizado el modelo MPS, utilizado antiguamente en la Junta de la Reserva Federal, para calcular una serie temporal trimestral del tipo real neutral de los fondos federales basándose en una definición parecida a la mía. La diferencia clave se halla en que Bomfim utiliza los residuos de la ecuación para estimar las perturbaciones aleatorias que sacuden la economía a las que permite alterar, en sentido ascendente o descendente, el tipo neutral, mientras que mi definición supone que las perturbaciones son iguales a cero. El resultado es una serie temporal que es bastante volátil de un trimestre a otro. Según sus estimaciones, el tipo real neutral de los fondos federales ha sido, en promedio, de un 2,8 por ciento aproximadamente durante la década de los noventa.[7] En general, fue mucho más alto durante la de los ochenta.

El otro método consiste en calcular el tipo real *ex post* medio de un largo periodo histórico; la idea es que si se consideran periodos largos, los retardos se cumplen por sí solos, los fenómenos transitorios se desvanecen y las perturbaciones aleatorias son, en promedio, iguales a cero. Debe tenerse cuidado, sin embargo, de evitar los periodos breves que pueden no ser representativos, como la década de los setenta, durante la cual los tipos de interés reales fueron negativos frecuentemente, o la de los ochenta, durante la cual fueron extraordinariamente altos. Prefiero utilizar periodos de 30-50 años para calcular esas medias históricas. Este método tiende a generar estimaciones del tipo real neutral de los fondos federales que oscilan entre 1,75 y 2,25 por ciento, dependiendo del periodo elegido y de la medida de la inflación utilizada para convertir el tipo nominal en real.

Sugiero, pues, que los bancos centrales estimen con regularidad el tipo de interés real neutral (un intervalo puede tener más sentido que estimar un solo valor) y utilicen esa estimación como "punto cero" en su escala de política monetaria. Cualquier tipo de interés más alto constituye una "contracción monetaria"; cualquier tipo más bajo constituye una "expansión monetaria". La neutralidad es el único marco de política viable para el largo plazo.

Para relacionar estas ideas con la realidad, examinemos la política seguida por la Reserva Federal desde la recesión de 1990-1991. El Fed bajó gradualmente, y algunos podrían decir que a regañadientes, el tipo de los fondos federales al 3 por ciento —que era alrededor de cero en términos reales— en una larga serie de pasos que culminaron en el otoño de 1992. Como cero es una cifra muy inferior al tipo neutral, se mire por donde se mire, la política monetaria era claramente muy expansiva. La economía de Estados Unidos respondió, si bien con un retardo. En febrero de 1994, el Fed comenzó a alterar de nuevo el tipo de los fondos para aproximarlo al tipo neutral, llamando la atención explícitamente sobre ese concepto como parte de su justificación. El tipo nominal de los fondos acabó alcanzando un máximo de 6 por ciento —que se tradujo en un tipo real algo superior al 3 por ciento— en febrero de 1995. Esa cifra se encontraría en el lado contractivo con respecto al tipo neutral según la mayoría de las estimaciones, aunque no necesariamente de todas. Y el Fed mantuvo ese tipo hasta julio de 1995, en que comenzó a bajarlo en tres pasos situándolo en un 5,25 por ciento el último día de enero de 1996. Dado que la inflación oscilaba entre el 2,5 y el 3 por ciento, eso significa un tipo real de entre 2,25 y 2,75 por ciento, cifra que probablemente era neutral o, en todo caso, tirando a restrictiva. El gobernador Alan Greenspan lo reconoció explícitamente en su comparecencia ante el Congreso en febrero de 1997 cuando dijo: "Es posible que el tipo real de los fondos se encuentre en un nivel que fomentará un crecimiento continuo no inflacionista".[8] Pero un mes más tarde aseguró su apuesta subiendo el tipo de los fondos federales otro cuarto de punto, nivel en el que se encontraba cuando este libro entró en imprenta.

4 El debate sobre regla fija o discrecionalidad: entonces y ahora

Una vez que nos hemos decidido por un instrumento de la política monetaria —el tipo de interés real a corto plazo estimado— es hora de hacer frente a la cuestión realmente importante: ¿debe utilizar el banco central ese instrumento activamente para tratar de estabilizar la macroeconomía? ¿O debe basarse pasivamente en una regla preestablecida?

Los economistas académicos se preguntan desde hace tiempo si los gestores de los bancos centrales que practican una política monetaria discrecional deben ser sustituidos por un ordenador programado para seguir una regla mecánica. Que yo sepa, los responsables de los bancos centrales no se han sumado a este debate, probablemente porque creen que tienen la respuesta. Como antiguo gestor de un banco central, es lógico que esté del lado del poder. Pero está documentado que era de esta opinión incluso antes de que me admitieran en el templo y me juramentara con los poderosos.[9]

Antes de seguir, debo aclarar qué entiendo por una *regla de política monetaria,* para dejar claro al menos de qué estamos hablando.

¿Qué es una regla?

El programa de Tinbergen-Theil que analizamos en la conferencia anterior lleva, si se realiza, a una *función de reacción* de la política monetaria que relaciona el instrumento del banco central con toda una variedad de variables independientes, principalmente las desviaciones de las variables fijadas como objetivo con respecto al nivel deseado. Por ejemplo, en la ecuación podría figurar el tipo interbancario a un día en el primer miembro y algunos conceptos como la inflación, el paro y el tipo de cambio o el déficit por cuenta corriente en el segundo.

Eso *no* es lo que entiendo por regla. Una ecuación de ese tipo es para mí una representación matemática —y algo alegórica— de la política discrecional. Es la forma en que un economista que teoriza siguiendo la tradición de Tinbergen-Theil imagina que debe hacerse la política monetaria. Para calificarla de regla, en mi lenguaje, la "ecuación" de la política monetaria debe ser simple y no reactiva, o casi no serlo. El ejemplo más conocido es la famosa regla del *k* por ciento de Friedman, aunque mantener el crecimiento del dinero en una tasa constante a corto plazo no es pan comido. Fijar el tipo de cambio es otro ejemplo realista. Mantener el tipo de interés real a corto plazo en su nivel neutral, cualquiera que sea éste, sería otro.

Existe, sin embargo, otro caso que ha cobrado importancia en la literatura teórica: asignar al banco central una regla basada en *resultados* en lugar de una regla (como la de Friedman) basada en *instrumentos*. Las dos reglas más evidentes de ese tipo son la fijación de un objetivo para la tasa de inflación y la fijación de un objetivo para el crecimiento del PIB nominal.

Existe, de hecho, un argumento intelectual a favor de este tipo de regla. En realidad, esas reglas se parecen bastante —y en algunos casos son iguales— a las obligaciones legales de los bancos centrales. El problema estriba en que no son realmente reglas sino, más bien, objetivos que pueden exigir un elevado grado de discrecionalidad para alcanzarlos. Un gobierno que quiera, por ejemplo, estabilizar la tasa de inflación en un 2 por ciento no puede sustituir su banco central por un ordenador y tirar la llave. Alcanzar ese objetivo y mantenerlo requiere sin lugar a dudas juicios de valor y adaptación a los cambios de las circunstancias, es decir, discrecionalidad. El hecho cierto, pero simple, es que ningún banco central controla directamente la inflación, el paro o el PIB nominal, por más que a los economistas teóricos les guste suponer lo contrario.

Por lo tanto, para mí la pregunta práctica es la siguiente: ¿sería mejor sustituir la discrecionalidad del banco central por una sencilla regla basada en instrumentos que el banco pudiera realmente controlar, no en unos resultados que escapan a su control? Para responder a esta pregunta afirmativamente se han seguido dos líneas argumentales diferentes.

El debate antiguo y el debate nuevo

El enfoque antiguo va íntimamente unido a Milton Friedman. Friedman y otros autores sostenían que el servomecanismo automático de una economía no regulada produciría unos resultados razonablemente buenos, pero, desde luego, imperfectos. Aunque la política activa de estabilización fuera capaz de mejorar estos resultados en principio, dudaban que resultara eficaz en la práctica, ya que los responsables de la política económica carecen de los conocimientos, la competencia y quizá incluso la fortaleza necesaria para llevar a cabo la tarea exigida. De tener que elegir entre una economía imperfecta y un gobierno imperfecto, Friedman y sus seguidores optarían sin vacilación alguna por la primera. Puede decirse que compartirían la preocupación de lord Acton por el poder más que la preocupación de lord Keynes por el paro.

Los argumentos de ambos bandos de este viejo debate se han discutido numerosas veces, por lo que no los repetiré aquí. Baste decir que aunque no me convencen los argumentos de Friedman a favor de las reglas, no pueden descartarse sin más. Ciertamente, nuestros conocimientos no son demasiado satisfactorios, y muchas autoridades monetarias no han sido capaces de hacer un buen papel. Para ser sincero, tengo que reconocer que existe, al menos, una posibilidad de que Friedman tenga razón. Sin embargo, menciono este debate más antiguo no para tomar partido sino, más bien, para compararlo con la versión más reciente del debate sobre la elección entre las reglas y la discrecionalidad.

Los nuevos argumentos a favor de las reglas adoptan un enfoque totalmente distinto. No se basan ni en la ignorancia de las autoridades ni en la picaresca del Estado y, en realidad, suponen que todo el mundo sabe cómo funciona la economía, ¡incluso las autoridades! Suponen, además, que los objetivos del gobierno coinciden con los de la gente y que todo el mundo tiene expectativas racionales. A pesar de estas circunstancias aparentemente ideales, los críticos modernos sostienen que un banco central que goce de discrecionalidad pecará sistemáticamente de ser excesivamente inflacionista. Para resolver esta distorsión, abogan por una regla fija.

Kydland y Prescott (1977) iniciaron esta nueva ronda de análisis señalando que la curva de Phillips con expectativas es una tentación para las autoridades monetarias. Concretamente, estimulando la demanda agregada y sorprendiendo al sector privado con una inflación imprevista, el banco central puede reducir el paro temporalmente. Toda reducción del paro es valorada favorablemente tanto por el público como por el banco central. El problema estriba en que sólo puede utilizarse ese recurso de vez en cuando y, con expectativas racionales, más bien muy pocas veces.

Si las expectativas son racionales, el público comprende qué se propone el banco central y la política monetaria no puede producir brechas sistemáticas entre la inflación efectiva y la esperada. Por lo tanto, un banco central que se contente con obtener resultados a corto plazo generará, en promedio, más inflación, pero no más empleo, que un banco central menos voluble. Pero cualquier banco central que elabore su política monetaria de forma discrecional, periodo a periodo, se enfrentará constantemente, y es probable que sucumba, a la tentación de conseguir resultados a corto plazo. Kydland y Prescott describieron esta situación como un ejemplo del problema de *inconsistencia temporal* y sugirieron que para resolverla convenía atar las manos de los gestores de los bancos centrales mediante una regla.

Barro y Gordon (1983a, 1983b) y Barro (1986) aclararon este mensaje y lo ampliaron de varias formas, señalando entre otras cosas que la regla podía ser reactiva y analizando el papel de la reputación como recurso para producir políticas monetarias menos inflacionistas en el contexto de lo que podría entenderse como un juego repetido. Sus análisis engendraron una pequeña industria que ha ido generando teorías de la conducta de los bancos centrales y ofreciendo soluciones para el supuesto sesgo inflacionista de la política monetaria discrecional. Como miembro del mundo académico, este análisis me parece poco convincente. Y lo que he aprendido como gestor de un banco central ha reforzado firmemente esta idea. Permítanme explicar por qué.

Tres objeciones principales

En primer lugar, merece la pena hacer una observación histórica. El periodo comprendido entre mediados de los años sesenta y 1980 aproximadamente, fue con algunas diferencias cronológicas una etapa de aceleración de la inflación en los países industrializados. Barro y Gordon pasaron por alto las explicaciones *prácticas* obvias del aumento observado de la inflación —la guerra de Vietnam, el fin del sistema de Bretton Woods, las dos perturbaciones de la OPEP, etc.— y buscaron una explicación *teórica* a lo que creían que era un sesgo inflacionista sistemático de la conducta de los bancos centrales.[10] La encontraron en el análisis de Kydland y Prescott.

Pero entonces era entonces y hoy es hoy. La historia reciente no ha sido complaciente con la idea de que los bancos centrales tienen un sesgo inflacionista. En realidad, desde 1980, aproximadamente, la historia de una gran parte del mundo industrial ha sido una historia de desinflación, a veces de enorme desinflación y a veces con un elevado coste social. Por otra parte, las autoridades monetarias de muchos países, especialmente europeos, han mostrado su disposición a mantener una actitud antiinflacionista dura hasta hoy mismo, a pesar de la baja inflación y del paro elevado y persistente. Independientemente de que uno aplauda o no esta política, difícilmente puede decirse que los bancos centrales traten de conseguir una mejora a corto plazo del empleo a costa de la inflación.

¿Cómo podemos conciliar la historia de la desinflación de 1980-1997 con una teoría que afirma que los bancos centrales producen sistemáticamente demasiada inflación? Mi respuesta es simple: es imposible. Tampoco podemos descartar el periodo 1980-1997 alegando que es un breve paréntesis, insuficientemente largo para refutar el análisis de Barro y Gordon, pues el periodo 1965-1980 que utilizaron como "evidencia" del sesgo inflacionista era aún más breve. Por otra parte, pocos teóricos parecen haberse dado cuenta del hecho siguiente: si los parámetros clave del modelo son constantes, la teoría predice una inflación estable demasiado elevada, no una inflación galopante. Por lo tanto, no explica ni siquiera la historia de 1965-1980. La verdadera cuestión que plantea ese periodo es por qué aumentó la inflación en tantos países. ¿Qué fue lo que cambió?

Me tienta la idea de extraer la conclusión de que Barro y Gordon y sus seguidores lo que estaban haciendo era teorizar —incorrectamente, además— sobre la última guerra, exactamente cuando en los bancos centrales se estaba luchando en una guerra nueva y muy distinta. Merece la pena señalar, además, que el remedio dado por el mundo real al supuesto problema del "sesgo inflacionista" no provino de la adopción de un compromiso previo rígido (las "reglas") ni de otros cambios institucionales,[11] como han sugerido Kydland-Prescott y Barro-Gordon, sino de una aplicación decidida, pero discrecional, de una contracción monetaria. En lugar de buscar éxitos a corto plazo, los bancos centrales pagaron el precio que había que pagar para reducir la inflación. Y, como en el anuncio de Nike, simplemente lo hicieron.

Mi segunda objeción es simple y práctica: la mayor parte de la literatura supone que el banco central controla perfectamente la tasa de inflación o la tasa de paro periodo a periodo. Evidentemente, eso no es así en la realidad. Claro que un teórico podría replicar diciendo que esta observación es superflua pues, al fin y al cabo, ninguna teoría pretende ser literalmente cierta. Pero creo que la réplica ignora la objeción demasiado a la ligera. Cuando la literatura analiza las soluciones para resolver el problema del sesgo inflacionista, como veremos enseguida, parece que los argumentos a favor de unas sencillas reglas basadas en los resultados (como "mantener una inflación nula"), o a favor de ciertos contratos basados en los incentivos, son muy sensibles a la idea de que o bien el banco central controla la inflación perfectamente, o bien las perturbaciones son perfectamente verificables *ex post*. Créanme; el mundo real no es tan sencillo. Cuando varía la tasa de inflación, la gente no puede estar segura de que la culpa haya sido del banco central. Y si lo piensan un momento, ¡tampoco el banco puede estarlo!

Mi tercera objeción parece que es un pequeño detalle técnico, pero no es así. La literatura generada por Barro y Gordon (1983a) plantea una función de pérdida, que depende de la inflación y del paro, parecida a la siguiente:

$$L = (u_t - ku^*)^2 + \alpha\pi_t^2 \, ,$$

donde π_t es la tasa de inflación, u es la tasa de paro, u^* es la tasa natural, α es un parámetro del "gusto" (o "aversión" a la inflación) y k es una constante menor que uno que indica que la tasa óptima de paro es menor que la tasa natural.[12] Este último parámetro es esencial para el argumento a favor del sesgo inflacionista. En realidad, el sesgo inflacionista de la política discrecional desaparece en la mayoría de los modelos si $k = 1$.

Puedo asegurarles que no sorprendería a mis amigos de los bancos centrales saber que las teorías económicas que los pintan como personas que tratan de reducir el paro por debajo de la tasa natural implican que su política es demasiado inflacionista. Tengo la certeza de que replicarían diciendo "por supuesto que sería inflacionista. Ésa es la razón por la que no lo hacemos". Esa réplica apunta a una solución del problema de Kydland-Prescott extremadamente simple: *ordenar* al banco central que aspire a conseguir u^* en lugar de ku^*. Eso es exactamente lo que me sentí moralmente obligado a hacer cuando era vicepresidente del Fed. Y mi actitud no fue en absoluto la única en la Comisión Ejecutiva, a cuyos miembros siempre les preocupaban las posibles consecuencias inflacionistas de la reducción del paro por debajo de la tasa natural.

Tres soluciones propuestas

Permítanme examinar ahora tres "soluciones" que se han propuesto en la literatura teórica para resolver el problema del sesgo inflacionista. Mi objetivo es comparar en cada caso la teoría y la realidad.

1. *La reputación:* La primera solución se basa en el concepto de reputación, concepto cercano a los gestores de los bancos centrales y muy querido por ellos. En este caso, los teóricos no han errado el tiro. No obstante, los modelos teóricos de la reputación tienen algunas características peculiares.

Consideremos, por ejemplo, el modelo de Barro (1986), en el que el gobernador del banco central es un "chico duro", que siempre optará por una baja inflación, o un "chico blando", que está dispuesto a desviarse para aumentar el empleo. La gente no sabe de qué tipo es el gobernador que tiene, por lo que se ve obligada a hacer una inferencia estadística. Si el banco central mantiene baja la inflación, su reputación —técnicamente, la probabilidad subjetiva de que nos hallemos ante un duro— aumentará. Esta parte suena convincente. Por ejemplo, la Reserva Federal probablemente tenía relativamente poca credibilidad antiinflacionista a finales de los años setenta, pero hoy su reputación es alta. En Europa, creo que las autoridades monetarias tanto del Reino Unido como de Francia se han forjado una notable reputación antiinflacionista en los años noventa.

Pero en el modelo, tan pronto como el banco permite que la inflación sea alta, aunque sólo sea una vez, el público saca la conclusión —con certeza— de que se hallan ante un inveterado "blando". Ésa es la característica del modelo que me parece excéntrica, por no decir rematadamente tonta. En realidad, hay muchos tipos de gobernadores, no sólo dos tipos, y las perturbaciones aleatorias complican la relación entre resultados y tipos. Por estas y otras razones, la reputación no es como un embarazo: *puedes* tener poca o mucha. Por ejemplo, la reputación del Bundesbank como enemigo de la inflación no desapareció totalmente cuando la inflación alemana pasó de alrededor de cero en 1986 a alrededor del 4 por ciento en 1992. Ni tenía por qué.

En los bancos centrales, se considera obvio que la acumulación y la destrucción del capital de reputación se parece más a las expectativas adaptativas que a las racionales: va por detrás de la realidad. En este caso, creo que los gestores de los bancos centrales están más cerca de la verdad que los economistas teóricos.

2. *Los contratos entre principal y agente:* La segunda solución que se ha propuesto para resolver el problema del supuesto sesgo inflacionista de la política monetaria y que ha atraído recientemente la atención de los teóricos consiste en redactar un contrato entre el banco central como agente y las autoridades políticas (a las que llamaré "Parlamento") como principal. La génesis de la idea es simple. El análisis de Kydland-Prescott indica que los incentivos de los responsables de tomar las decisiones de política monetaria están distorsionados y los llevan a generar una inflación excesiva. Basta pronunciar la palabra "distorsión" para que los economistas piensen automáticamente en impuestos y subvenciones. Así, Walsh (1995) y Person y Tabellini (1993) han propuesto que el sueldo de los responsables del banco central disminuya en proporción a la inflación.[13] En su análisis muestran que este sistema de incentivos induce a los bancos centrales a comportarse óptimamente en un modelo como el de Barro y Gordon (1983a).

¿En qué se equivoca esta idea? Bien, para empezar, una pequeña reducción del sueldo probablemente no es un incentivo muy poderoso para un gobernador que para prestar un servicio público ya renuncia voluntariamente a una gran parte de los ingresos que de otra forma podría ganar. Permítanme que lo diga sin rodeos refiriéndome a mi propio caso. Cuando estaba en el Fed, tenía (más o menos) un contrato de tipo Walsh: como mi sueldo nominal lo fijaba el Congreso y era sumamente improbable que éste lo subiera, perdía un 1 por ciento de salario real por cada punto de inflación. Pero esos exiguos 1.231 dólares no influyeron ni una sola vez en mi forma de enfocar la política monetaria. No eran nada comparados con mis otras pérdidas económicas. ¡Y yo no era más que un fugitivo del mundo académico! Imagínense las pérdidas económicas en que debe incurrir un banquero o un próspero hombre de negocios.

En segundo lugar, debemos afrontar el hecho singular de que casi ningún banco central vincula explícitamente los sueldos de los responsables a los resultados económicos obtenidos, ni siquiera en Nueva Zelanda, donde existe realmente un contrato formal entre el gobernador del Banco de la Reserva y el ministro de Hacienda. El gobernador puede ser despedido (¡y sufrir así una enorme subida salarial!) si la inflación aumenta excesivamente. Pero no le descuentan dinero de su sueldo.

En tercer lugar, y por último, existe un grave problema en lo que se refiere a la otra parte del contrato.[14] En la práctica, "la gente" no puede hacer de principal en el contrato, por lo que el parlamento debe desempeñar este papel en su lugar. Pero el parlamento es, en realidad, un *agente*, no un principal. Y los congresistas —que deben presentarse a la reelección— tienen aún más incentivos que los gobernadores de los bancos centrales para aspirar a conseguir logros a corto plazo. ¿Por qué va a proponer el parlamento, pues, un contrato con el banco central que elimine el sesgo inflacionista? Y lo que es más importante, ¿por qué va a querer aplicar un contrato de ese tipo si el banco central se desvía de la recta vía y provoca una pequeña expansión?

Los que critican al gobierno se quejan en todas partes de que los cargos electos tienen una actitud miope y sólo piensan en las siguientes elecciones y no en los altos intereses a largo plazo del país. De hecho, ése es probablemente el principal argumento para que el banco central sea independiente de la política, como señalaré en la próxima conferencia. La visión de unos políticos sumamente disciplinados que tienen visión de futuro y que remedian los modos caprichosos de unos gobernadores despilfarradores y miopes parece una extraña inversión de papeles. En el mundo real, son los gobernadores independientes los que impiden que los políticos sucumban a la tentación de Kydland-Prescott.

3. *Los gobernadores conservadores de los bancos centrales:* Eso me lleva a la tercera solución teórica que se ha propuesto para resolver el difícil enigma que plantean Barro y Gordon y que es la que tiene más atractivo práctico. Rogoff (1985) sugirió ingeniosamente que si la política monetaria tiene un sesgo inflacionista, la solución podría ser nombrar unos gobernadores más "conservadores". ¡Eso sí que suena realmente convincente! De hecho, en el mundo real el sustantivo "gobernador del banco central" casi pide a gritos el adjetivo "conservador".

Para Rogoff, la palabra conservadurismo tiene un significado muy concreto. En el modelo de Barro-Gordon, el parámetro del gusto α, que indica las desutilidades relativas de la inflación y del paro, se supone que es común al banco central y a la gente. Rogoff propuso que los políticos eligieran deliberadamente gobernadores que fueran *más reacios a la inflación* que la sociedad en su conjunto. De esa forma, un sesgo (las preferencias poco representativas del banco central) puede anular el otro (la inconsistencia dinámica).

El modelo de Rogoff es una espléndida ilustración de la graciosa definición del economista como persona que cuando ve que algo funciona en la práctica se pregunta si también puede funcionar en teoría. ¿Existe alguna duda de que los bancos centrales en general, y los bancos centrales que consiguen reducir la inflación en particular, han estado dominados por personas muy conservadoras? El modelo de Rogoff sostiene que esta práctica habitual es encomiable. Puede que tenga razón. No obstante, merece la pena hacer algunas observaciones sobre la solución que propone.

En primer lugar, la mayor vigilancia de la inflación que realizan los gobernadores conservadores tiene un coste: la producción real y el empleo son más variables que en la solución dinámicamente inconsistente. Eso es perfecto, puesto que probablemente lleva a la sociedad a un punto más cercano al óptimo. Lo único que quiero decir es que las mejoras que se consiguen en el frente de la inflación tienen un coste. El nombramiento de personas conservadoras para las comisiones de los bancos centrales no le resulta gratuito a la sociedad.[15]

En segundo lugar, incluso de lo bueno se puede tener demasiado. En el modelo de Rogoff —y creo que en la realidad— es posible nombrar un gobernador que sea demasiado conservador, es decir, cuyo parámetro α tenga un valor tan alto que no genere la combinación de variabilidad de la inflación y de la producción que desea realmente la sociedad. Concretamente, un banco central de ese tipo luchará con excesivo denuedo contra la inflación y no tendrá suficientemente presentes los costes a corto plazo en términos de empleo. Esto también suena probable, aunque me abstendré de dar nombres. Lo único que nos dice es que existe un perfil óptimo para formar parte del consejo ejecutivo de un banco central.

En tercer lugar, Lohmann (1992) ha sugerido una interesante enmienda al enfoque de Rogoff que mejora la solución, pero debe tratarse con cautela. Puede haber ocasiones en las que sea óptimo que el gobierno revoque una decisión de un gobernador conservador del banco central, por ejemplo tras una gran perturbación de la oferta. Lohmann sugiere que debe permitirse, pero sólo si el gobierno paga un coste. En realidad, el coste podría ser, por ejemplo, el revuelo político que levantaría el ministro de Hacienda si revocara una decisión importante del gobernador del banco central. Pongamos por caso, el gobernador podría dimitir furioso.

La idea de Lohmann es correcta tanto en teoría económica como en teoría política. En una democracia debe haber, al fin y al cabo, algunos mecanismos que pongan freno a un banco central que muestre un exceso de celo. Pero su aplicación práctica resulta difícil, en el mejor de los casos. Ningún banco central puede decir que es independiente si sus decisiones monetarias son revocadas automáticamente. Esta solución debe reservarse para unas circunstancias verdaderamente extraordinarias. Por lo tanto, cualquier gobierno del mundo real que adopte la enmienda de Lohmann debe asegurarse de que los políticos revocan las decisiones del banco central muy raras veces, por ejemplo permitiendo que los gobernadores sean destituidos únicamente en caso de flagrante negligencia. En Estados Unidos, los gobernadores de la Reserva Federal pueden ser destituidos por el presidente únicamente por un motivo justificado, y una ley del Congreso puede revocar una decisión de la Reserva Federal. Pero se trata de pasos muy serios que nunca se han dado. En la práctica, las decisiones del Fed son inapelables.

¿Cuál es el balance final?

¿Dónde nos lleva, pues, este extenso análisis de las reglas o la discrecionalidad en el mundo real, en contraposición con el mundo teórico?

Aunque las ideas de Kydland y Prescott ponen de manifiesto una verdadera dificultad de la política monetaria y parte de la literatura posterior ha sido verdaderamente esclarecedora del tema, quizá no sea para tanto. Si existe unanimidad tanto sobre los aspectos positivos de un problema de inconsistencia temporal (por ejemplo, la curva de Phillips) como sobre sus aspectos negativos (por ejemplo, la función social de bienestar), como suponen Barro y Gordon en el caso del problema de la inflación, las sociedades deberían tener pocas dificultades para "resolverlo", aunque fuera imperfectamente. Por ejemplo, acabo de sugerir una sencilla solución: *ordenar* al banco central que se comporte como si prefiriera u^* a ku^*.

En realidad, parece que tanto los países como los hogares encuentran formas prácticas sencillas de hacer frente a una amplia variedad de posibles inconsistencias dinámicas que apenas guardan parecido con las soluciones que sugieren los teóricos. Algunos ejemplos habituales son la solución que se da al problema de las inundaciones como consecuencia de una crecida, a la forma en que se eluden los impuestos sobre el capital, a los castigos que se imponen a los hijos cuando se portan mal y a la existencia de exámenes finales. En todos los casos, los gobiernos, los padres o los profesores se enfrentan a un posible problema de inconsistencia temporal o estableciendo —y después normalmente siguiendo— unas normas de conducta, o creándose una reputación, y siempre recordando que hay muchos mañanas. La sociedad raras veces resuelve un problema de inconsistencia temporal adoptando de antemano un compromiso rígido o creando unos sistemas de remuneración de incentivos compatibles para los responsables de tomar las decisiones. La discrecionalidad inteligente es la norma.

Asimismo, las preferencias reveladas de muchas sociedades democráticas consisten en abordar el problema de la inconsistencia dinámica de la política monetaria legislando un objetivo a largo plazo del banco central (por ejemplo, la estabilidad de los precios), dando discrecionalidad a unos gobernadores apolíticos poseídos normalmente de unas perspectivas amplias y de una probada aversión a la inflación, esperando al mismo tiempo que la suerte les acompañe. No es, desde luego, una mala solución.

5 Conclusiones

El tema general de estas conferencias es la relación entre las teorías académicas de la política monetaria y la práctica real de los bancos centrales. En esta conferencia nos hemos ocupado de tres cuestiones que se han resuelto de manera muy distinta.

En el caso de la elección entre los tipos de interés y los agregados monetarios como instrumento de política, la simbiosis ha sido extraordinaria. Las investigaciones académicas, comenzando por la de Poole (1970), ofrecieron consejos sensatos y útiles; y los gestores de los bancos centrales los aceptaron en beneficio de todos. La vida imitó al arte.

En el caso de la encarnación moderna del debate sobre reglas o discrecionalidad, basado en la inconsistencia temporal, he afirmado que las cosas son muy distintas. En mi opinión, la literatura académica se ha equivocado de problema o ha centrado la atención en un problema que no es tal y ha propuesto toda una variedad de soluciones que (salvo en el caso propuesto por Rogoff de los gobernadores conservadores de los bancos centrales) tienen poco sentido en el mundo real. Como era de esperar, apenas han influido en la práctica de los bancos centrales. En este caso, el arte haría bien en imitar algo más a la vida.

La tercera cuestión —la elección de un punto cero para definir una política monetaria "neutral"— aún no se ha resuelto. He propuesto que se utilice un tipo de interés real *neutral* estimado, que es el tipo real a corto plazo coherente con una inflación constante, como línea divisoria entre la política monetaria "dura" y la política monetaria "suave". Ni el tribunal del mundo académico ni el tribunal práctico han tenido aún tiempo suficiente para examinar esta propuesta y emitir un fallo. Pero creo en el dictamen del mercado y estoy dispuesto a esperar el veredicto.

3. La independencia del banco central

1 Introducción

En las dos primeras conferencias nos hemos ocupado principalmente de lo que podrían denominarse los *elementos básicos* de la teoría de la política monetaria, tal como se enseña en la universidad, es decir, de cuestiones clásicas como los retardos y la incertidumbre, la elección del instrumento monetario, la disyuntiva entre usar una regla fija o permitir la discrecionalidad, etc. Para terminar esta serie de conferencias quiero centrar la atención en el banco central propiamente dicho, concibiéndolo como una institución económica y, en alguna medida, como una institución política. En esta última conferencia vamos a hacer consideraciones económicas, por supuesto. Pero también tocaremos aspectos más filosóficos, organizativos y prácticos, que surgen con menos frecuencia en el discurso económico. Comenzaré con el tema de la independencia del banco central.

2 La independencia del banco central: definición y justificación

Parece que en todo manda la moda. Últimamente la tendencia ha sido dar mayor independencia al banco central. Pero éste es un término algo vago, por lo que tal vez resulte útil comenzar con una definición. Para mí la independencia del banco central significa dos cosas: en primer lugar, que el banco central tiene libertad para decidir cómo va a perseguir sus objetivos y, en segundo lugar, que sus decisiones son muy difíciles de revocar por cualquier otra instancia política. Conviene hacer algunas observaciones sobre ambas cosas.

Cuando digo que un banco central independiente tiene un grado considerable de libertad para decidir cómo va a perseguir sus objetivos, eso no significa que pueda seleccionar estos objetivos de forma unilateral. Al contrario, en una democracia parece totalmente apropiado que los gobiernos o los parlamentos establezcan los objetivos y ordenen a continuación al banco central que los alcance. Para ser independiente, el banco debe gozar de un elevado grado de discrecionalidad sobre la forma de utilizar sus instrumentos para perseguir los objetivos legislados. Pero no tiene por qué tener potestad para fijar él mismo los objetivos y, de hecho, yo diría que conceder al banco esa potestad sería concederle demasiado poder. Estas decisiones incumben a los representantes elegidos por el pueblo. En consecuencia, el banco central debe cumplir la voluntad del pueblo. En la terminología sugerida por Fischer (1994), el banco central debe tener independencia para elegir los *instrumentos*, pero no para elegir los *objetivos*.

Así, por ejemplo, el Bundesbank está obligado por ley a "salvaguardar la moneda" y la Reserva Federal tiene la obligación de conseguir tanto el "máximo empleo" como unos "precios estables".[1] En ambos casos, los objetivos de la política monetaria se establecen en la legislación, pero son suficientemente imprecisos para que requieran un grado considerable de interpretación por parte del banco central. Tomando como ejemplo la Reserva Federal, el llamado doble mandato obliga al Fed a dar contenido tácito o explícito a las vagas expresiones "máximo empleo" y "precios estables" y a continuación decidir cómo va a abordar la disyuntiva que a corto plazo obliga a escoger entre uno de los dos. Este papel interpretativo refuerza el poder *de facto* del Fed, que es considerable. Pero es muy posible tener un banco central muy independiente con unos objetivos definidos con mayor precisión; un buen ejemplo es la obligación del Banco Central de Nueva Zelanda de conseguir un nivel preciso de inflación.

El segundo sello distintivo —y fundamental— de la independencia es la irrevocabilidad casi absoluta de sus decisiones. En el sistema estadounidense de gobierno, por ejemplo, ni el presidente ni el Tribunal Supremo pueden revocar las decisiones de la Comisión Federal de Mercado Abierto (FOMC). El Congreso sí puede, pero sólo aprobando una ley que ha de firmar el presidente. Eso hace que las decisiones de la Comisión sean, a todos los efectos, inmunes a la revocación. Sin esta inmunidad, el Fed no sería realmente independiente, pues sus decisiones sólo valdrían en tanto en cuanto no desagradaran a alguna instancia más poderosa.

Una vez definida la independencia, permítanme plantear una pregunta ingenua pero fundamental: *¿por qué debe ser independiente el banco central?* La esencia de mi respuesta es muy simple. La política monetaria requiere, por su propia naturaleza, un horizonte temporal amplio. Primero, porque sus efectos sólo se dejan sentir en la economía con largos retardos, por lo que los responsables de tomar las decisiones no ven los resultados de sus actos hasta pasado bastante tiempo. En segundo lugar, y esto es mucho más importante, porque toda desinflación posee el perfil característico de cualquier actividad inversora: un coste inmediato y unos frutos que sólo se recogen gradualmente con el paso del tiempo.

Pero los políticos de los países democráticos —y también de los que no lo son— no son conocidos ni por su paciencia ni por mirar hacia el futuro lejano. Tampoco lo son los medios de comunicación ni el público. Y ninguno de ellos comprende muy bien los largos retardos propios de la política monetaria. Por lo tanto, si los políticos decidieran la política monetaria sería difícil no sucumbir al pan para hoy, hambre para mañana (es decir, a permitir una inflación demasiado elevada). Sabiéndolo, muchos parlamentos tratan sabiamente de despolitizar la política monetaria, por ejemplo, poniéndola en manos de profesionales no elegidos democráticamente, que disponen de largos mandatos y están aislados del bullicio de la política. Es lo mismo que le pasó a Ulises: sabía que a largo plazo conseguiría mejores resultados si se ataba al mástil, ¡aun cuando a corto plazo no le hiciera mucha gracia!

La mayor parte de la evidencia empírica, aunque no toda, confirma esta hipótesis, al menos en el caso de los países industriales.[2] Para ello se ha medido la independencia del banco central en toda una variedad de formas, algunas verdaderamente creativas, entre las que se encuentran las disposiciones legales, el grado de rotación del gobernador del banco central, la naturaleza del mandato del banco (por ejemplo, ¿tiene orden de perseguir la estabilidad de los precios?) o mediante cuestionarios. Un resultado habitual, aunque no universal, es que los países que tienen bancos centrales más independientes han disfrutado de unas tasas medias de inflación más bajas sin sufrir unas tasas medias de crecimiento menores, como muestra la figura 3.1.[3]

Sin embargo, es necesario hacer al menos dos puntualizaciones. En primer lugar, la correlación considerablemente negativa entre la independencia del banco central y la inflación que se observa en la figura 3.1 no es muy robusta. Por ejemplo, no se mantiene cuando se examina una muestra mayor de países —incluidos países en vías de desarrollo— ni cuando se consideran otras variables en un análisis multivariante.[4] En segundo lugar, algunos estudios recientes se preguntan si la correlación implica realmente causación.[5]

Una vez presentados brevemente los argumentos básicos a favor de la independencia del banco central, permítanme hacer una reflexión propia de un cenizo. Cuando uno piensa en las razones para alejar las decisiones relacionadas con la política monetaria del "follón de la política", uno se da cuenta de que estas mismas razones también se aplican a muchos otros aspectos de la política económica y, de hecho, también a la política no económica. Consideremos, por ejemplo, la política tributaria.

Las decisiones referentes a la legislación tributaria requieren claramente un horizonte temporal largo, exactamente igual que las

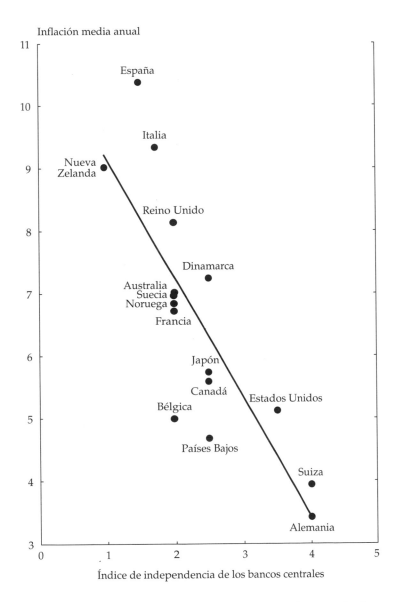

Figura 3.1. Independencia del banco central y resultados macroeconómicos medios, 1961-1990.

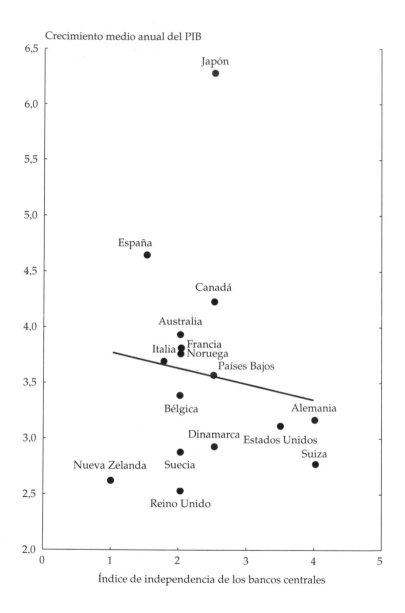

Figura 3.1
(continuación)

decisiones sobre política monetaria, ya que sus consecuencias en términos de asignación de los recursos y de distribución de la renta se van a dejar sentir durante años. Existe constantemente la tentación —a la que hay que resistirse— de tratar de conseguir ganancias a corto plazo que pueden tener consecuencias negativas a largo plazo. Un ejemplo especialmente claro son los impuestos sobre el capital. El diseño de los impuestos y la teoría de la incidencia de los impuestos son cuestiones muy complejas, que requieren unos conocimientos técnicos considerables, exactamente igual que la política monetaria. Y las decisiones de política tributaria probablemente sean incluso más susceptibles a las presiones de los grupos de intereses que las decisiones de política monetaria.

Sin embargo, aunque muchas sociedades democráticas tienen bancos centrales independientes, todas dejan la política tributaria en manos de los políticos. En realidad, nadie habla ni siquiera de traspasar la política tributaria a un organismo independiente. ¿Por qué? Dejo esta cuestión abierta, quizá para discutirla en otra ocasión.[6]

3   El banco central y los mercados

Hasta ahora me he referido a la independencia del banco central con respecto del gobierno y, por ende, tanto de la lucha política partidista como de la opinión pública. Parece que este tipo de independencia es en el que se piensa cuando se habla de bancos centrales independientes y es, desde luego, el concepto de independencia en el que centra la atención tanto la literatura académica como el Tratado de Maastricht. Para que un banco central sea independiente debe tener libertad para tomar medidas políticamente impopulares. Pero hay otro tipo de independencia que, aunque para mí es igual de importante, raras veces se analiza: la independencia con respecto a los mercados financieros.

La independencia con respecto a los mercados financieros es, en un sentido literal, tanto inalcanzable como poco deseable. La política monetaria funciona *a través* de los mercados, por lo que las *percepciones* de las reacciones probables del mercado deben ser importantes en la formulación de la política monetaria y las reacciones *reales* del mercado van a tener un impacto importante tanto en la magnitud de los efectos de la política monetaria como en su evolución. No hay forma de evitarlo. Se trata de algo muy importante y de enorme interés para los gestores de la política monetaria.

Ahora bien, cuando hablo de que el banco central debe ser "independiente" de los mercados, me refiero a algo muy distinto. Los gestores de los bancos centrales a menudo sienten la tentación de "seguir el mercado", es decir, de establecer los tipos de interés implícitos en los precios de los activos tal como los establece el mercado. El haber formado parte, durante un tiempo, de la Comisión Ejecutiva de un banco central me ha enseñado cómo surge esa tentación. Los gestores de los bancos centrales son seres humanos y quieren ser evaluados favorablemente. Aunque el único veredicto que realmente cuenta es el veredicto de la historia, hay que tener una constitución asombrosamente fuerte para esperar tanto tiempo. En cambio, los mercados son una especie de máquina gigantesca que controla y evalúa públicamente los resultados del banco central en tiempo real. Los gestores de los bancos centrales recurren, pues, lógicamente a los mercados en busca de una evaluación inmediata o, más bien, la busquen o no la busquen, se topan con ella a cada momento.

Seguir a los mercados puede ser una excelente manera de evitar algunas sorpresas financieras, lo cual es un fin legítimo en sí mismo. Pero me temo que puede dar lugar a una política monetaria bastante pobre por varias razones. En primer lugar, los mercados especulativos tienden a ser gregarios[7] y a reaccionar excesivamente a casi todo.[8] Los gestores de los bancos centrales han de ser más cautos y prudentes. En segundo lugar, los mercados financieros parecen extraordinariamente susceptibles a las modas y a las burbujas especulativas que se alejan a veces de las variables económicas fundamentales.[9] Los gestores de los bancos centrales deben defenderse de este tipo de caprichos y mantener la vista puesta en las variables fundamentales.

Por último, los operadores de los mercados financieros —incluso los que negocian con instrumentos a largo plazo— suelen comportarse como si tuvieran unos horizontes temporales ridículamente cortos, mientras que la esencia de un verdadero banco central es mantener un horizonte temporal largo. Veamos un magnífico ejemplo de lo que quiero decir. Se puede utilizar la estructura temporal de los tipos de interés de la deuda del Tesoro de Estados Unidos para calcular los tipos a futuro de un periodo que puede llegar hasta los treinta años siguientes. Cuando estaba en el Fed, pedí que se utilizaran datos diarios para calcular la correlación entre las variaciones del tipo de interés vigente a un año y las variaciones del tipo implícito a un año correspondiente al periodo de los veintinueve años siguientes. Utilizando 1994 como ejemplo, la respuesta fue ¡0,54![10] Ahora bien, hay que ser un devoto creyente en la eficiencia de los mercados para afirmar que el caudal diario de noticias tenga realmente un impacto tan duradero. Me parece que la afirmación es totalmente increíble. Pienso, más bien, que los operadores que negocian con bonos a treinta años se comportan como si negociaran, por ejemplo, con un instrumento a un año.[11]

Obsérvese la paradoja. La razón principal por la que los bancos centrales han de ser independientes de los políticos tal vez sea que el proceso político es propenso a ser demasiado corto de miras. Sabiéndolo, los políticos ceden de buen grado, y sabiamente, el control diario de la política monetaria a un grupo de personas independientes a las que se les dice que mantengan controlada la inflación. Pero si el banco central se esfuerza demasiado en agradar a los mercados, es probable que adopte tácitamente como propios los horizontes temporales extraordinariamente cortos de los mercados. Eso puede crear el peligroso fenómeno del "pez que se muerde la cola" según el cual el mercado reacciona o, más bien, reacciona excesivamente a lo que cree que *podría* hacer el banco central y el banco central observa lo que hacen los mercados en busca de una indicación sobre lo que *debería* hacer. En la jerga técnica del economista, esa situación puede llegar peligrosamente a crear una ecuación en diferencias de raíz unitaria.[12]

No me malinterpreten. No creo que los gestores de un banco central puedan permitirse el lujo de no tener en cuenta los mercados, pues los mercados transmiten una información indispensable, incluida información sobre la política monetaria que se espera en el futuro. Mientras estuve en la Comisión Ejecutiva, observé y evalué constantemente la información de los mercados de valores, de bonos, de divisas y demás para adivinar cómo podrían responder los mercados a un cambio de la política de la Reserva Federal. Lo único que quiero decir es que apostar por la política que esperan —o, de hecho, que demandan— los mercados puede llevar a unos pésimos resultados.

Creo que este peligro es hoy mayor que nunca, porque la visión de los mercados financieros predominante entre los gestores de los bancos centrales es la de un sincero respeto. Estos grandes, profundos y fluidos mercados se consideran depositarios de un enorme poder y sabiduría. Desde mi punto de vista el poder está fuera de duda, pero la sabiduría está por ver.

4 Independencia y credibilidad del banco central

Al analizar los argumentos a favor de la independencia del banco central no he mencionado uno que suelen ofrecer tanto gestores de los bancos centrales como académicos: la idea de que cuanto más independientes son los bancos centrales, más *creíble* es su lucha contra la inflación y, por lo tanto, pueden reducir la inflación con un coste social más bajo. De hecho, las versiones extremas de la hipótesis de la credibilidad, que han aparecido en la literatura académica, sostienen que la desinflación sin costes es posible si la política del banco central es totalmente creíble.[13] La razón es sencilla. La esencia de una curva de Phillips con expectativas radica en que la inflación depende de la inflación esperada (π_t^e) (sin retardos), más una función del paro (u_t) más otras variables y perturbaciones aleatorias:

$$\pi_t = \pi_t^e + f(u_t) + \ldots$$

Si las expectativas son racionales y las autoridades monetarias gozan de total credibilidad, el mero anuncio de una campaña de desinflación hará que la inflación esperada disminuya bruscamente, reduciéndose de esta forma la inflación sin pagar el coste temporal de un aumento del paro.

La omisión de la hipótesis de la credibilidad no ha sido un descuido. Por mucha teoría fascinante que diga lo contrario, no conozco ni una sola prueba que la confirme. Parece que es una de esas hipótesis que suena como algo razonable pero que cuando se examina atentamente, resulta ser falsa, como la hipótesis de que el ahorro es elástico con respecto al tipo de interés. La evidencia existente no parece indicar que los bancos centrales más independientes sean recompensados con unos menores costes a corto plazo en términos de empleo.[14] Tampoco la experiencia reciente de los países de la OCDE parece indicar que los bancos centrales que anuncian unos objetivos precisos de inflación hayan sido capaces de ir reduciéndola con un coste menor que los bancos centrales sin esos objetivos precisos.[15] No obstante, este tipo de afirmaciones continúan haciéndose, lo que demuestra hasta qué punto son difíciles de erradicar las ilusiones de la gente.

Independientemente de que permita reducir o no los costes de la desinflación, puedo decirles por mi experiencia personal que los gestores de los bancos centrales valoran la credibilidad y ven en ella un activo precioso que no debe dilapidarse. Y estoy de acuerdo, pero no porque facilite la desinflación. Entonces, ¿por qué? Un banco central

está investido de un enorme poder sobre la economía; y si es independiente, ese poder es casi ilimitado. Este poder es una responsabilidad pública encomendada al banco por la ciudadanía. A cambio,
ésta tiene derecho a esperar —mejor dicho, a exigir— que haga lo
que dice. Para mí, ése es el sello distintivo de la credibilidad: que los
hechos se correspondan con las palabras. En realidad, mi diccionario
define la credibilidad como "la capacidad para que se acepte que las
afirmaciones que se hacen se atienen a los hechos o para que se acepte que los motivos declarados son los verdaderos".

Pero los economistas académicos normalmente emplean otra
definición. En la teoría de juegos, la credibilidad se identifica con la
consistencia dinámica o con la compatibilidad de incentivos. La idea
es que si el banco central anuncia una política y la gente actúa basándose en la creencia en ese anuncio, o bien debe existir una norma que
obligue al banco central a cumplir su promesa, o bien debe crearse
algún tipo de incentivo para que la cumpla. Si no existe ninguna obligación previa o ningún incentivo, la política del banco puede ser
temporalmente inconsistente y, por ello, carecer de credibilidad.
Como señalé en la conferencia anterior, ésta es la lógica que subyace
a los argumentos modernos a favor de la aplicación de reglas que
atan las manos del banco central o de sistemas retributivos que le
den un incentivo económico para comportarse adecuadamente. Se
considera que ambos mecanismos generan credibilidad allí donde,
en caso contrario, no la habría.

Pero cuando los gestores de los bancos centrales hablan de credibilidad, cosa que hacen frecuentemente, piensan en una definición
más simple, más parecida a la del diccionario. Desde su punto de
vista, y del mío, la credibilidad significa que mis declaraciones sean
creídas, aunque no exista ninguna norma que me obligue a cumplir-
las y pueda tener incluso un incentivo a corto plazo para faltar a mis
promesas. En el mundo real, esa credibilidad normalmente no se
consigue con unos sistemas retributivos de incentivos compatibles,
ni con compromisos rígidos, sino que se va construyendo poco a

poco a base de que los hechos se correspondan con las palabras. Un banco central que haga sistemáticamente lo que dice adquiere credibilidad, según esta definición, casi independientemente de cuál sea la estructura institucional en la que se opera.

Así, por ejemplo, el Bundesbank es creído cuando declara su decisión de reducir la inflación, aunque no siga ninguna regla y sus consejeros no obtengan ningún beneficio económico con la desinflación. Por otra parte, este concepto de credibilidad no es una variable dicotómica, tipo cero-uno, sino una variable continua; se puede tener más credibilidad o menos. Como sugerí en la segunda conferencia, actualmente la Reserva Federal tiene probablemente mucha más credibilidad antiinflacionista que, por ejemplo, en 1979. Y no la ha conseguido gracias a ningún cambio institucional.

Surge aquí una cuestión interesante. La literatura académica afirma que los bancos centrales invierten en credibilidad con el fin de mejorar los costes a corto plazo de reducir la inflación. Pero parece que la credibilidad no reporta este tipo de beneficios. ¿Por qué, entonces, los gestores de los bancos centrales están tan preocupados por la credibilidad? Y créanme que lo están.

Se me ocurren cuatro respuestas, y creo que todas tienen algo de cierto. En primer lugar, probablemente muchos gestores de los bancos centrales creen en la hipótesis de la credibilidad a pesar de la evidencia que existe en su contra, exactamente igual que muchos responsables de la política económica continúan creyendo que los incentivos fiscales elevan el ahorro personal. En segundo lugar, los gestores de los bancos centrales son seres humanos; quieren que les creamos y confiemos en ellos, no que pensemos que son unos embusteros.

En tercer lugar, es muy posible que los gestores de los bancos centrales quieran tener la capacidad para cambiar de táctica a corto plazo (por ejemplo, abandonar el objetivo de una tasa fija de crecimiento del dinero) sin que se piense que han cambiado de estrategia a largo plazo (por ejemplo, luchar contra la inflación). Para lograr esa hazaña sin asustar a los mercados, ayuda tener fama de cumplir la palabra dada. Un ejemplo importante ocurrió en Estados Unidos en 1982 y 1983 cuando la Reserva Federal, cuyo gobernador era por entonces Paul Volcker, abandonó el monetarismo sin que nadie temiera que estaba abandonando la lucha contra la inflación. La credibilidad antiinflacionista duramente ganada por el Fed contribuyó al éxito de esta transición. Asimismo, el Bundesbank está traicionando constantemente su devoción por el crecimiento de *M3*; pero pocos dudan de su devoción por una inflación baja.[16]

En cuarto lugar, la credibilidad puede ser un gran activo durante una crisis financiera, en la cual el banco central puede verse obligado no sólo a tomar medidas extraordinarias sino también a *prometer* hacerlo en el futuro en caso de que sea necesario. Cuando la palabra de un banco central es tan importante como sus hechos, vale la pena ser creído.

5 La independencia del banco central y la democracia

Llegados a este punto, se plantea una cuestión filosófica de un cierto calado: ¿no es profundamente antidemocrático hacer que el banco central sea independiente de todo control político? La concesión de un poder tan grande a unos tecnócratas que no han sido elegidos, ¿no va en contra de algunos principios fundamentales de la democracia? Mi opinión es que no necesariamente. Pero necesito defenderla algo detalladamente. ¿Cómo puede justificarse un banco central independiente en el contexto de un gobierno democrático? Mi respuesta es una mezcla de seis ingredientes.

En primer lugar, todos sabemos que incluso en las democracias, algunas decisiones poseen un "carácter constitucional" que las aparta de las luchas parlamentarias diarias. Son decisiones básicas que no queremos revisar frecuentemente y que, por lo tanto, deben ser difíciles de revocar. Así, por ejemplo, para enmendar la Constitución de Estados Unidos se necesita mucho más que una votación por mayoría de las dos cámaras del Congreso. Los padres fundadores hicieron, pues, que fuera casi imposible, pero no totalmente, modificar ciertas normas.

Lo mismo ocurre con la política monetaria. La independencia del Fed —que se deriva de la autoridad delegada por el Congreso— hace que resulte muy difícil, pero no totalmente imposible, que los representantes elegidos revoquen una decisión relacionada con la política monetaria. Es el resultado de que unos políticos sensatos tomaran para siempre la decisión de limitar su propio poder, exactamente igual, por ejemplo, que la Constitución hace que sea muy difícil modificar la duración del mandato del presidente. Lo que hizo que esta decisión fuera "democrática" es que los parlamentarios elegidos la tomaron por propia voluntad.

El segundo ingrediente que contribuye a hacer que la independencia del banco central sea compatible con la democracia es algo en lo que he hecho hincapié anteriormente: los objetivos básicos del banco son decididos por los políticos electos, no por tecnócratas sin elegir. Así, por ejemplo, cuando se me decía que el Fed debería conformarse con una inflación del 3 por ciento, yo respondía que la ley de la Reserva Federal exige unos "precios estables", no una "inflación bastante baja". Si los ciudadanos piensan que es un error, deben hacer que se modifique la ley.

En tercer lugar, los ciudadanos tienen derecho a exigir honradez a los gestores de sus bancos centrales, observación que acabo de hacer al analizar el asunto de la credibilidad. El banco central se lo debe a la ciudadanía a cambio del enorme poder concedido. Un banco central que disimule o que permanezca imperiosamente callado se comporta, a mi juicio, de una manera profundamente antidemocrática. Lo mismo ocurre con aquellos que envuelven las decisiones del banco central en una retórica engañosa.

En cuarto lugar, los miembros de las comisiones de los bancos centrales deben ser nombrados por los estamentos políticos apropiados. Cuando entré a formar parte de la Comisión Ejecutiva de la Reserva Federal en 1994, nombrado por el presidente Clinton, me uní a otros cinco hombres y mujeres que habían sido nombrados por los presidentes Reagan o Bush. Ninguno de nosotros había sido elegido nunca para ningún cargo; pero Bill Clinton, George Bush y Ronald Reagan sí lo habían sido. Obtuvimos nuestra legitimidad política de los hombres que nos nombraron; y ellos, a su vez, la obtuvieron a la antigua: directamente de los votantes. Así es como debe ser. Los bancos centrales no deben ser oligarquías que se perpetúan a sí mismos.

El quinto ingrediente, que también he mencionado anteriormente, debe estar presente pero debe ser raras veces empleado: las decisiones del banco central deben poder ser revocadas por las autoridades políticas, pero sólo en circunstancias extremas. En Estados Unidos, una decisión de la Reserva Federal sobre política monetaria puede ser revocada, en principio, por una ley del Congreso. Y los gobernadores del Fed pueden ser destituidos de su cargo por causa justificada. Estos mecanismos no se han utilizado jamás, pero Estados Unidos hace bien en tenerlos. La autoridad delegada debe ser revocable.

El último ingrediente de mi guiso democrático está estrechamente relacionado con el asunto de la credibilidad y quiero extenderme sobre él. Lo llamaré transparencia y apertura.

6 La apertura y la transparencia del banco central

Como las medidas de carácter monetario afectan profundamente la vida de la gente normal y corriente, en una democracia un banco central debe a los ciudadanos una explicación de lo que hace, de por qué lo hace y de qué pretende lograr. Como repetí frecuentemente mientras estuve en el Fed, se trata de su economía, no de la nuestra. Ofreciendo una explicación razonablemente completa y coherente de sus actos, el banco puede hacer desaparecer una gran parte del misterio que rodea la política monetaria, permitir que las partes interesadas puedan valorar en el momento las decisiones adoptadas y —lo que es también importante— permitir que desde fuera pueda juzgarse su éxito o su fracaso *a posteriori*.

El aumento de la transparencia no es una causa popular en los bancos centrales, en los que a veces se alega que el misterio es esencial para que la política monetaria sea eficaz. Se dice que si se aumenta la transparencia del banco central, éste puede verse sometido a un examen inoportuno que ponga en peligro su independencia. Como dice Karl Brunner:

> La gestión de los bancos centrales [ha estado] rodeada tradicionalmente de una peculiar mística protectora... A los gestores de los bancos centrales se les atribuye con toda naturalidad la posesión de una sabiduría innata y de los conocimientos relevantes... Parece como si estas virtudes se adquirieran automáticamente con el nombramiento y que sólo se manifestaran en los que ocupan el puesto adecuado. Este halo de misterio se nutre de una impresión, muy extendida, de que la gestión del banco central es un arte esotérico. El acceso a este arte y a su correcta ejecución sólo le está permitido a la élite iniciada. El carácter esotérico de este arte se pone de manifiesto, además, por la inherente imposibilidad de expresarse con palabras y frases inteligibles.[17]

Comparto el escepticismo de Brunner y no puedo estar más en desacuerdo con la idea de que la gestión del banco central debe ser opaca. En realidad, creo que debería ser exactamente al revés. Para mí, la transparencia es un corolario moral de la independencia del banco central. En una sociedad democrática, la libertad de actuación del banco central implica la *obligación* de explicarse públicamente. Por lo tanto, la independencia y la transparencia van indefectiblemente unidas, no están en conflicto.[18] La segunda legitima la primera dentro de una estructura política democrática. Aunque los gestores de los bancos centrales no se dedican a las relaciones públicas, la educación de los ciudadanos debe formar parte de su agenda.

Tampoco acepto, por cierto, la afirmación de que apertura y transparencia vayan a ser perjudiciales para el banco central, siempre y cuando éste sea independiente. Si el banco central toma las decisiones adecuadas, no debe tener ningún problema en explicarlas y defenderlas en público. Si no puede justificar de una manera coherente sus actos, tal vez sus decisiones no sean tan buenas como piensa. Recordemos —y esto es fundamental— que sólo estoy hablando de explicar las decisiones, ¡no de someterlas a votación!

En realidad, yo me atrevo a ir aún más allá y afirmar que una mayor apertura podría mejorar la eficiencia de la política monetaria como estabilizador macroeconómico.[19] Dado que se trata de una reflexión poco convencional, déjenme explicar por qué. Al hacerlo, volveré a una cuestión que planteé, pero que después abandoné, en la conferencia anterior: la de que los tipos de interés a corto plazo son diferentes de los tipos de interés a largo plazo.

Los bancos centrales generalmente sólo controlan el tipo interbancario a un día, un tipo de interés que no es importante para casi ninguna transacción interesante desde el punto de vista económico. La política monetaria sólo produce unos efectos macroeconómicos significativos en la medida en que altera los precios del mercado financiero que realmente cuentan, como son los tipos de interés a largo plazo, los valores bursátiles y los tipos de cambio. Llamaré a estos precios "tipos a largo plazo", tanto para abreviar como porque éste es el precio en el que quiero centrar la atención.

Se supone que la teoría convencional de la estructura temporal de los tipos de interés rescata al banco central de este dilema. Sostiene que cualquier tipo a largo plazo es la media ponderada apropiada de los tipos futuros esperados a corto plazo, más una prima correspondiente a los distintos vencimientos. Así, por ejemplo, el tipo a un año debería ser una media de los próximos 365 tipos a un día esperados, cada uno de los cuales será determinado por el banco central. Por lo tanto, las expectativas sobre la futura conducta del banco central constituyen el nexo esencial entre los tipos a corto plazo y los tipos a largo plazo.

Desgraciadamente, esta teoría plantea dos problemas prácticos muy serios. En primer lugar, la teoría de la estructura temporal basada en las expectativas obtiene unos contrastes estadísticos muy pobres. Aquellos que se basan en las expectativas racionales, por ejemplo, refutan una y otra vez la teoría.[20] Este resultado significa que los tipos a futuro implícitos en los tipos de interés a largo plazo constituyen unas predicciones pésimas de los tipos a corto plazo futuros. Tanto los investigadores académicos como los agentes que participan en el mercado conocen este resultado y lo aceptan. Sin embargo, curiosamente, los economistas, los operadores, los gestores de los bancos centrales y la prensa financiera utilizan todos ellos automáticamente la curva de rendimiento para "leer" los tipos a corto plazo futuros esperados que están implícitos en los tipos a largo plazo. Es como si todas las partes se hubieran puesto de acuerdo de alguna manera en participar en una especie de error en masa. Debo confesar que yo también lo he hecho.

El segundo problema práctico serio de la teoría de las expectativas racionales podría explicar su fracaso empírico y es fundamental para mi argumento a favor del aumento de apertura de los bancos centrales. Si el mecanismo que relaciona el tipo interbancario a un día y los tipos de interés a largo plazo continúa sin funcionar, el banco central tendrá dificultades para predecir el efecto sobre la economía de sus propias decisiones. Pero la forma como los tipos a largo plazo reaccionan a los tipos a corto plazo depende fundamentalmente de las expectativas sobre los futuros tipos a corto plazo, en los cuales influyen poderosamente, a su vez, las *percepciones* de lo que está tramando el banco central. Un banco central inescrutable transmite a los mercados poca o nula información que les permita basar estas percepciones en una realidad subyacente, favoreciendo la aparición de burbujas basadas en falsas expectativas que pueden dificultar la predicción de los efectos de su política.

En cambio, un banco central más abierto condiciona de forma natural las expectativas al suministrar a los mercados más información sobre cuál es su opinión de los factores fundamentales que guían la política monetaria. Este condicionamiento debería hacer que las reacciones del mercado a los cambios de la política monetaria fueran algo más predecibles, creando así un círculo vicioso. Al ser más predecible para los mercados, el banco central hace que las reacciones del mercado a su política monetaria le sean más predecibles. Y eso permite gestionar mejor la economía.

Por favor, no malinterpreten esta afirmación; no soy un ingenuo a ese respecto. Los mercados saben muy bien lo que quieren y a menudo actúan dramáticamente por razones que no tienen nada que ver con la política monetaria. Ya había burbujas especulativas mucho antes de que hubiera bancos centrales sobre cuyo comportamiento especular. Así pues, ni afirmo ni creo que si se mantiene a los mercados mejor informados sobre la política monetaria, éstos serán más estables o predecibles. Pero sí creo que los gestores de los bancos centrales pueden reducir al menos una de las fuentes de las burbujas especulativas: las conjeturas falsas sobre su propia conducta.

Déjenme que ponga dos ejemplos claros de la historia reciente de Estados Unidos. Yo no estaba en la Reserva Federal a finales de 1993 y principios de 1994, justo antes de que ésta empezara a endurecer la política monetaria. Pero estoy bastante seguro de que las propias expectativas del Fed sobre los futuros tipos de los fondos federales eran muy superiores a las implícitas presuntamente en la estructura temporal en ese momento, que parecían permanecer estancadas en un 3 por ciento, nivel insosteniblemente bajo. Un año más tarde, yo estaba en el Fed y puedo afirmar que las expectativas del mercado sobre la subida probable del tipo de los fondos —hasta un 8 por ciento nada menos, según algunos precios de los activos y predicciones de Wall Street— eran muy superiores a las mías.[21] En ambos casos los mercados se equivocaron, una vez por arriba y otra por abajo. En ambos casos, la estimación errónea es atribuible en gran medida a malentendidos sobre las intenciones del Fed. Y en ambos casos el mercado de bonos experimentó enormes fluctuaciones al ir corrigiendo el error.

Esos malentendidos no pueden ser eliminados nunca, pero pueden ser reducidos por un banco central que ofrezca a los mercados una visión más clara de sus objetivos, su "modelo" de la economía y su estrategia general. De esa manera ayudaría a anclar mejor las expectativas en alguna realidad subyacente.

La Reserva Federal, a pesar de lo hermética que es, dista mucho de ser la principal culpable. En realidad, probablemente sea más abierta y transparente que la mayoría de los bancos centrales. Pero la competencia en esta liga no es dura, y creo que el Fed podría y debería ir mucho más allá. Por ejemplo, cuando el Banco de la Reserva de Australia modifica los tipos de interés a corto plazo, el gobernador emite un largo comunicado explicando detalladamente los argumentos en que se basa la decisión y lo que espera conseguir el banco con ella.[22] Estas declaraciones pretenden aclarar, nunca confundir. Podrían servir de modelo a otros bancos centrales.

Aparte de este papel educativo, hay un segundo aspecto, o quizá definición, de la transparencia que está relacionado con algo de lo que me ocupé en la conferencia anterior: las recompensas y los castigos. En las organizaciones empresariales, el concepto de transparencia suele entrañar pluses en caso de éxito y castigos en caso de fracaso. Esos incentivos hacen que la gente sea responsable personalmente de sus actos y contribuye a alinear sus intereses con los de la empresa. Este tipo de transparencia adopta una forma distinta en los bancos centrales. A menos que el banco central sea un magnífico embustero, la gente sabrá que es en gran parte el responsable de la gestión macroeconómica. Por lo tanto, le atribuirá automáticamente los méritos (a regañadientes, ¡por supuesto!) cuando las cosas vayan bien y le culpará cuando se pongan mal. Así, por ejemplo, el gobernador del banco central puede ser recompensado con el prestigio y la ratificación en caso de éxito y castigado con el desprecio y la destitución en caso de fracaso. Ésta es una forma bastante correcta de rendir cuentas, me parece a mí.

Por último, podemos interpretar la transparencia en el sentido bastante literal de rendir cuentas de nuestros actos. En el caso de la política monetaria significa, por ejemplo, informar periódicamente de las medidas monetarias y de sus consecuencias al parlamento, a la prensa y al público. El grado en que lo hacen los bancos centrales varía mucho de unos a otros. En un extremo del espectro, puede consistir en poco más que un informe anual formal sin ningún cuestionamiento público. Ese tipo de documento es casi inevitablemente un documento interesado, muy parecido al informe anual de una sociedad anónima. En el otro extremo, podemos imaginar un gobernador de un banco central que es sometido constantemente a preguntas por el parlamento, lo que me parece demasiado intimidante.

La Reserva Federal se encuentra en la mitad de este espectro, pero probablemente es más abierta que la mayoría. Desde principios de 1994, la Comisión Federal de Mercado Abierto (FOMC) ha anunciado inmediatamente sus decisiones de política monetaria y ha abandonado la vieja y arraigada tradición de dejar que el mercado adivinara lo que estaba tramando. Este pequeño paso fue, por cierto, controvertido y se consideró potencialmente peligroso. Por ejemplo, el gobernador Alan Greenspan dijo en el Congreso en 1989 que la obligación de revelar inmediatamente las decisiones de la Comisión "sería lamentable". Afirmó que "sería desacertado y quizá casi imposible anunciar unos objetivos a corto plazo para las reservas o los tipos de interés cuando los mercados están en estado de cambio" y que incluso en las épocas normales "la obligación de hacer una declaración pública también podría impedir la introducción de los oportunos ajustes en la política".[23] Actualmente, sin embargo, todo el mundo elogia la política de información inmediata del Fed.

Sin embargo, el Fed aún ofrece unas explicaciones muy escasas de las decisiones de la Comisión, temiendo que sus anuncios sean malinterpretados, que unas palabras mal escogidas comprometan sus decisiones futuras o que un cambio de circunstancias le obliguen a cambiar de idea, socavando así la doctrina de la infalibilidad del banco central. Antes de entrar en la Junta de la Reserva Federal, creía que el Fed podía y debía ofrecer muchas más explicaciones. Ahora, después de haber estado allí, estoy absolutamente seguro.[24]

7 Conclusiones

Debo concluir afirmando que la independencia del banco central es una excelente idea que debería preservarse allí donde exista y emularse donde no exista. Sin embargo, como dicen los abogados, hay que "perfeccionarla".

Una importante mejora consistiría en hacer que las ideas del banco central sobre política monetaria fueran más transparentes. He afirmado que esa innovación podría mejorar la calidad de la política de estabilización y hacer, al mismo tiempo, que la gestión independiente del banco central fuera más coherente con la democracia. Los argumentos de la otra parte me parecen poco consistentes. Aunque cualquier cosa puede racionalizarse por medio de *alguna* teoría, los economistas normalmente no sostienen que los mercados funcionen mejor cuando están menos informados.

También he defendido que los bancos centrales modernos deberían reafirmar su independencia de los mercados financieros con la misma firmeza con que sostienen su independencia de la política. Por ejemplo, el Congreso de Estados Unidos no delegó la potestad para "acuñar dinero [y] regular su valor"[25] en el mercado de bonos; la delegó en tecnócratas independientes de la Reserva Federal. He afirmado que seguir excesivamente a los mercados puede llevar al banco central a heredar precisamente el corto horizonte temporal que la independencia del banco central pretende evitar. No existen más razones para que los gestores de los bancos centrales reciban sus órdenes de movilización de los operadores de bonos que para que las reciban de los políticos.

NOTAS

Capítulo 1

[1] Un ejemplo es un banco central que deba fijar el tipo de cambio. Algunos han sugerido que los bancos centrales deben perseguir la estabilidad de los precios y excluir todos los demás objetivos.

[2] En la teoría del control de los sistemas no lineales en los que el modelo no es más que una aproximación de la realidad, a menudo se recomienda utilizar con suavidad los instrumentos de control, ya que grandes variaciones repentinas de los valores de los instrumentos pueden provocar oscilaciones inestables. Un problema parecido en teoría económica es la inestabilidad de los instrumentos (Holbrook, 1972).

[3] Véase Lucas (1976). Aunque la crítica de Lucas ha suscitado un enorme interés en el mundo académico, parece que apenas interesa a los gestores de los bancos centrales. Quizá se deba a que no creen en los cambios de régimen o a que no creen en los modelos econométricos. Probablemente se deba a ambas cosas.

[4] En la terminología de Knight (1921), estos métodos se aplican a los casos de "riesgo" más que a los de "incertidumbre". El riesgo surge cuando una variable aleatoria tiene una distribución de probabilidades conocida; la incertidumbre surge cuando la distribución es desconocida. En el mundo real, normalmente tenemos que afrontar situaciones de incertidumbre más que situaciones de riesgo. Y en este caso, casi por definición, los modelos formales no nos sirven de mucha orientación.

[5] Debemos aclarar a qué nos referimos. Los grandes modelos, cuando se utilizan mecánicamente, no son muy buenos para predecir las variables que son "noticia" como el PIB y la inflación; ésa es la razón por la que casi ningún modelo es utilizado de esta forma. Pero los modelos econométricos son una herramienta esencial para imponer la coherencia necesaria cuando se trata de predecir los cientos de variables de un modelo macroeconómico típico.

[6] Esta afirmación parece que no es sino una sencilla aplicación de una afirmación similar de Samuelson (1970) en el contexto de la teoría de la cartera.

[7] Una condición muy importante es que las covarianzas sean suficientemente pequeñas para no tenerlas en cuenta. Cuando las covarianzas son considerables, puede pasar cualquier cosa.

[8] En el caso de la política monetaria, definir "ningún cambio" ($x = 0$) es, en realidad, un problema que no tiene nada de trivial. En la siguiente conferencia indicaré dónde debe colocarse el punto "cero" en la escala de la política monetaria.

[9] Con muchas variables aleatorias y covarianzas no nulas, las matemáticas no "demuestran" que la actividad conservadora sea óptima. En algunos casos, la incertidumbre sobre los parámetros resulta, de hecho, en un activismo mayor.

[10] Una técnica, que se deriva de la literatura sobre el control óptimo, se utiliza para elegir entre modelos rivales. Otra, que se debe a Hendry y a sus colaboradores, centra la atención en la aplicación de contrastes. Véase, por ejemplo, Hendry y Mizon (1993).

[11] Un verdadero procesamiento óptimo de la información exigiría ponderarla por medio de una matriz de varianzas y covarianzas.

[12] Kydland y Prescott (1977) demostraron que es un error aplicar mecánicamente las técnicas de programación dinámica si los agentes privados basan sus decisiones en las expectativas sobre la política futura. En ese caso, debe tenerse en cuenta el efecto de la política sobre la formación de expectativas. En la siguiente conferencia me ocuparé de la crítica de Kydland y Prescott; aquí utilizo el término "programación dinámica" genéricamente, pretendiendo incluir esos efectos sobre las expectativas.

[13] A partir de junio de 1997, el Banco de la Reserva de Nueva Zelanda comenzó a publicar una proyección a tres años de la política monetaria, afirmando claramente que sólo es "deseada" la política monetaria del trimestre siguiente; las demás son meramente "proyecciones" y pueden estar sujetas a cambios. Este método es muy parecido al enfoque de la programación dinámica. Estoy sumamente agradecido al gobernador del banco, Donald Brash, por llamarme la atención sobre esta innovación.

[14] Véase, por ejemplo, Meltzer (1991).

[15] Esta estrategia tiene un aspecto temporal que no se encuentra en el análisis de Brainard y, por lo tanto, puede exigir un acto de fe. Pero Aoki (1967) presentó una generalización dinámica del resultado de Brainard. No obstante, su resultado es, al igual que el de Brainard, frágil y puede no sobrevivir, por ejemplo, con covarianzas altas.

[16] Procede de las comparecencias del 22 y 23 de febrero ante las comisiones tanto de la Cámara como del Senado publicadas en *Federal Reserve Bulletin,* abril, 1995, pág. 348.

[17] Véase Gordon (1997).

[18] Véase Eisner (1996).

[19] Curiosamente, el Tribunal Supremo de Estados Unidos no tiene una tradición de toma de decisiones basada en el consenso. En alrededor de un 20 por ciento de las decisiones, éstas se adoptan con 5 votos a favor y 4 en contra. Por contra, en los últimos veinte años sólo ha habido una votación de 7 a 5 y otra de 6 a 4 en la Comisión Federal de Mercado Abierto, y sólo otras siete votaciones con cuatro disidentes.

[20] Una interesante excepción es el trabajo de Faust (1996).

Capítulo 2

[1] Unos cuantos artículos que siguen esta línea son los de Tinsley y Von zur Muehlen (1981), Brayton y Tinsley (1994) y Bryant, Hooper y Mann (1993).

[2] Las covarianzas y las pendientes de las curvas IS y LM también son importantes. Aquí prescindimos de ellas.

[3] Estos contrastes tienen en cuenta las tendencias temporales de la velocidad, es decir, no suponen que exista proporcionalidad entre el PIB nominal y el dinero.

[4] Declaración ante el Committee on Banking, Housing, and Urban Affairs del Senado de Estados Unidos, 19 de febrero de 1993, publicado en el *Federal Reserve Bulletin*, 23 de abril de 1993, pág. 298.

[5] Bernanke y Blinder (1992) afirmaron hace varios años que el Fed utiliza desde hace mucho tiempo el tipo de los fondos federales como instrumento de su política. La mayoría de las investigaciones realizadas desde entonces han confirmado este resultado, aunque quizá con algunas modificaciones (véase Bernanke y Mihov [1995]).

[6] La idea básica se remonta, por supuesto, a Wicksell (1898).

[7] La serie de Bombim (1997) es nominal y acaba en el tercer trimestre de 1994. Para calcular el tipo real utilizamos la tasa de variación con respecto a cuatro trimestres antes del deflactor de los gastos de consumo personal.

[8] Comparecencia de Alan Greenspan ante el Banking Committee del Senado, 26 de febrero de 1997.

[9] Véase, por ejemplo, Blinder (1987).

[10] Naturalmente, algunos podrían interpretar el hecho de que los bancos centrales permitieran que estas perturbaciones se tradujeran en un aumento de la inflación como una prueba del sesgo inflacionista.

[11] En el caso de algunos países europeos, puede afirmarse que el mecanismo europeo de tipos de cambio (MTC) fue un cambio institucional de ese tipo; vinculó de hecho la política monetaria del país a la de Alemania. Pero, por ejemplo, el Reino Unido e Italia abandonaron el MTC, y aun así redujeron la inflación.

[12] En realidad, ku^* es la tasa óptima de paro *si no preocupara la inflación*. Por lo tanto, es razonable suponer que $k < 1$ es la función de pérdida.

[13] En realidad, muchas personas propusieron antes ese sistema. Walsh y Persson y Tabellini demostraron su optimalidad en los modelos formales.

[14] Este problema también ha sido señalado por McCallum (1996).

[15] Se trata de una afirmación sobre la teoría. Los datos de los países avanzados inducen a pensar que los bancos centrales más antiinflacionistas obtienen mejores resultados. Por ejemplo, Blinder (1995) no ha observado la existencia de una correlación entre un índice de independencia del banco central y la varianza del crecimiento del PIB real. Véase Eijffinger y De Haan (1996) para una visión general exhaustiva.

Capítulo 3

[1] En realidad existe un tercer objetivo: "unos tipos de interés a largo plazo moderados". Pero la mayoría de los economistas creen que éste se consigue si se logra estabilizar los precios.

[2] Debe hacerse una importante matización histórica. Estos datos proceden exclusivamente del periodo posterior a la Segunda Guerra Mundial, en que el problema que tenían normalmente los bancos centrales era reducir la inflación. Si el problema principal hubiera sido luchar contra la *deflación*, como ocurrió en los años treinta y muy recientemente en Japón, no está claro que los bancos centrales independientes obtengan tan buenos resultados.

[3] Véase, por ejemplo, Alesina y Summers (1993), Cukierman *et al.* (1992) y Fischer (1994). Véase Eijffinger y De Haan (1996) para una exhaustiva visión panorámica de la evidencia.

[4] Véase Fuhrer (1997).

[5] Véase Posen (1993) y Campillo y Miron (1997).

[6] En Blinder (1997) expongo mis propias opiniones sobre esta cuestión y otras parecidas.

[7] Para una explicación teórica basada en horizontes temporales cortos, véase Froot, Scharfstein y Stein (1992).

[8] La literatura sobre la excesiva reacción de los mercados financieros, que inició Shiller (1979), es hoy voluminosa. Para una visión panorámica, véase Gilles y LeRoy (1991).

[9] Por lo que se refiere a las modas, véase Shiller (1984). Por lo que respecta a las burbujas, véase Flood y Garber (1980) y West (1987).

[10] La correlación oscila bastante con el paso del tiempo. Fue, por lo general, menor en 1988-1993, pero mayor en 1979-1987.

[11] Las cosas probablemente fueron muy distintas en los plácidos años cincuenta y sesenta. Entonces los mercados de bonos eran lugares bastante aletargados, por lo que los operadores que buscaban emociones tenían que acudir a otros sitios.

[12] Bernanke y Woodford (1996) exponen un argumento similar, a saber, que esa conducta puede crear "equilibrios basados en manchas solares" incluso con expectativas racionales.

[13] Véase, por ejemplo, Taylor (1983) o Ball (1994).

[14] Véase Fischer (1994), Posen (1995) y Fuhrer (1997).

[15] Esta afirmación se basa en los estudios del personal de la Junta de la Reserva Federal y de Debelle (1996).

[16] Véase Clarida y Gertler (1997).

[17] Citado en Goodfriend (1986).

[18] Ésta también parece ser la opinión de los economistas del Banco de Inglaterra. Véase Briault, Haldane y King (1996).

[19] La Reserva Federal ha afirmado lo contrario. Véase Goodfriend (1986), que se muestra escéptico ante el argumento del Fed.

[20] Para un análisis reciente, además de referencias a la evidencia empírica, véase Campbell (1995).

[21] En realidad, el tipo de los fondos alcanzó un máximo del 6 por ciento.

[22] Estas afirmaciones se encuentran publicadas en el *Reserve Bank of Australia Bulletin*; véase, por ejemplo, el número de septiembre de 1994, págs. 23-24.

[23] Alan Greenspan, declaración ante el Subcommittee on Domestic Monetary Policy del Committee on Banking, Finance and Urban Affairs, Cámara de Representantes de Estados Unidos, 25 de octubre de 1989.

[24] A lo largo de alrededor de un mes antes de que el Fed elevara el tipo de interés, el 25 de marzo de 1997 —lo que sucedió mucho después de que el borrador de este manuscrito estuviera redactado—, el gobernador Greenspan no sólo insinuó claramente que el tipo iba a subir, sino que expuso sus razones con una claridad excepcional. Tanto los mercados financieros como los medios de comunicación y los políticos entendieron que esta mayor claridad suponía un alejamiento de la práctica tradicional del Fed. A mí me pareció un enorme progreso.

[25] La cita procede de la Constitución de Estados Unidos, art. I, sec. 8.

Bibliografía

Alesina, Alberto, y Lawrence H. Summers, "Central Bank Independence and Macroeconomic Performance: Some Comparative Evidence", *Journal of Money, Credit, and Banking*, 25; mayo, 1993, págs. 151-162.

Aoki, Masanao, *Optimization of Stochastic Systems*, Nueva York, Academic Press, 1967.

Ball, Laurence, "Credible Disinflation with Staggered Price-Setting", *American Economic Review*, 85, marzo, 1994, págs. 282-289.

Barro, Robert J., "Reputation in a Model of Monetary Policy with Incomplete Information", *Journal of Monetary Economics*, 17, enero, 1986, págs. 3-20.

Barro, Robert J. y David Gordon, "A Positive Theory of Monetary Policy in a Natural Rate Model", *Journal of Political Economy*, 91, agosto, 1983a, págs. 589-610.

Barro, Robert J. y David Gordon, "Rules, Discretion and Reputation in a Model of Monetary Policy", *Journal of Monetary Economics*, 12, julio, 1983b, págs. 101-121.

Bernanke, Ben S. y Alan S. Blinder, "The Federal Funds Rate and the Channels of Monetary Transmission", *American Economic Review*, 82, nº 4, septiembre, 1992, págs. 901-921.

Bernanke, Ben S., e Ilian Mihov, "Measuring Monetary Policy", NBER Working Paper nº 5.145, junio, 1995.

Bernanke, Ben S., y Michael O. Woodford, "Inflation Forecasts and Monetary Policy", Princeton University, septiembre, 1996, fotocopia.

Blinder, Alan S., "The Rules-versus-Discretion Debate in the Light of Recent Experience", *Weltwirtschaftliches Archiv*, 123, 1987, págs. 399-414.

Blinder, Alan S., "Central Bank Independence, Economic Welfare, and Democracy", observaciones realizadas en el Ingvar Carlsson Seminar, Estocolmo, fotocopia, 30 de agosto de 1995.

Blinder, Alan S., "Is Government Too Political?", *Foreign Affairs*, vol. 76, nº 6, 1997.

Bomfim, Antulio N., "The Equilibrium Fed Funds Rate and the Indicator Properties of Term-Structure Spreads", *Economic Inquiry*, 1997.

Brainard, William, "Uncertainty and the Effectiveness of Policy", *American Economic Review*, 57, mayo, 1967, págs. 411-425.

Brayton, Flint, y Peter Tinsley, "Effective Interest Rate Policies for Price Stability", Federal Reserve Board Working Paper, 1994.

Briault, Clive, Andrew Haldane y Mervyn King, "Independence and Accountability", Bank of England Working Paper nº 49, abril, 1996.

Bryant, Ralph, Peter Hooper y Catherine Mann, *Evaluating Policy Regimes*, Washington, D. C., Brookings Institution, 1993.

Campbell, John Y., "Some Lessons from the Yield Curve", *Journal of Economic Perspectives*, 9, verano, 1995, págs. 129-152.

Campillo, Marta, y Jeffrey A. Miron, "Why Does Inflation Differ across Countries?", en C. Romer y D. Romer (comps.), *Reducing Inflation: Motivation and Strategy*, Chicago, University of Chicago Press, 1997, págs. 335-357.

Chow, Gregory C., *Analysis and Control of Dynamic Economic Systems*, Nueva York, Wiley, 1975.

Clarida, Richard, y Mark Gertler, "How the Bundesbank Conducts Monetary Policy", en C. Romer y D. Romer (comps.), *Reducing Inflation: Motivation and Strategy*, Chicago, University of Chicago Press, 1997, págs. 363-408.

Cukierman, Alex, Steven Webb y Bilin Neyapit, "Measuring the Independence of Central Banks and Its Effect on Policy Outcomes", *The Workd Bank Economic Review*, 6, septiembre, 1992, págs. 353-398.

Debelle, Guy, "The End of Three Small Inflations: Australia, New Zealand, and Canada", *Canadian Public Policy*, 22, 1996, págs. 56-78.

Eijffinger, Sylvester, y Jacob De Haan, *The Political Economy of Central Bank Independence*, Special Paper n° 19, International Finance Section, Princeton, mayo, 1996.

Eisner, Robert, "A New View of the NAIRU", Northwestern University, Evanston, IL, 22 de mayo de 1996, fotocopia.

Faust, Jon, "Whom Can We Trust to Run the Fed? Theoretical Support for the Founders' Views", *Journal of Monetary Economics*, 37, abril, 1996, págs. 267-283.

Fischer, Stanley, "Modern Central Banking", en F. Capie *et al.*, *The Future of Central Banking*, Cambridge University Press, 1994.

Flood, Robert P., y Peter M. Garber, "Market Fundamentals versus Price-Level Bubbles: The First Tests", *Journal of Political Economy*, 88, agosto, 1980, págs. 745-770.

Froot, Kenneth A., David S. Scharfstein y Jeremy C. Stein, "Herd on the Street: Informational Inefficiencies in a Market with Short-Term Speculation", *Journal of Finance*, 47, septiembre, 1992, págs. 1461-1486.

Fuhrer, Jeffrey C., "Central Bank Independence and Inflation Targeting: Monetary Policy Paradigms for the Next Millenium?", *New England Economic Review*, enero/febrero, 1997, págs. 19-36.

Gilles, Christian, y Stephen F. LeRoy, "Econometric Aspects of the Variance-Bounds Tests: A Survey", *The Review of Financial Studies*, 4, 1991, págs. 753-791.

Goodfriend, Marvin, "Monetary Mystique: Secrecy in Central Banking", *Journal of Monetary Economics*, 17 de enero de 1986, págs. 63-92.

Gordon, Robert J., "The Time-Varying NAIRU and Its Implications for Economic Policy", *Journal of Economic Perspectives*, 11, invierno, 1997, págs. 11-32.

Greenspan, Alan, declaración ante el Subcommittee on Domestic Monetary Policy del Committee on Banking, Finance, and Urban Affairs, U. S. House of Representatives, 25 de octubre de 1989.

Greenspan, Alan, declaración ante el Committee on Banking, Housing, and Urban Affairs, United States Senate, 19 de febrero de 1993, publicado en *Federal Reserve Bulletin*, abril, 1993, págs. 292-302.

Greenspan, Alan, declaración ante el Committee on Banking, Housing, and Urban Affairs, United States Senate, 22 de febrero de 1995, publicado en *Federal Reserve Bulletin*, abril, 1995, págs. 342-348.

Hendry, David, y Graham Mizon, "Evaluating Dynamic Econometric Models by Encompassing the VAR", en P. Phillips (comp.), *Models, Methods, and Applications of Econometrics: Essays in Honor of A. R. Bergstrom*, Cambridge, Basil Blackwell, 1993, págs. 272-300.

Holbrook, Robert S., "Optimal Economic Policy and the Problem of Instrument Instability", *American Economic Review*, 62, marzo, 1972, págs. 57-65.

Knight, Frank H., *Risk, Uncertainty and Profit*, Boston, Houghton Mifflin, 1921.

Kydland, Finn E., y Edward C. Prescott, "Rules Rather than Discretion: The Inconsistency of Optimal Plans", *Journal of Political Economy*, 85, junio, 1977, págs. 473-492.

Lohmann, Susanne, "The Optimal Commitment in Monetary Policy: Credibility versus Flexibility", *American Economic Review*, 82, marzo, 1992, págs. 273-286.

Lucas, Robert E., Jr., "Econometric Policy Evaluation: A Critique", en K. Brunner y A. Meltzer (comps.), *The Phillips Curve and Labor Markets*, Carnegie-Rochester Series no. 1, suplemento del *Journal of Monetary Economics*, enero, 1976, págs. 19-46.

McCallum, Bennett T., "Crucial Issues Concerning Central Bank Independence", NBER Working Paper nº 5.597, mayo, 1996.

Meltzer, Allan H., "The Fed at Seventy-Five", en M. Belongia (comp.), *Monetary Policy on the 75th Anniversary of the Federal Reserve System*, Norwell, MA, Kluwer, 1991, págs. 3-65.

Persson, Torsten, y Guido Tabellini, "Designing Institutions for Monetary Stability", *Carnegie-Rochester Conference Series on Public Policy*, 39, diciembre, 1993, págs. 53-84.

Poole, William, "Optimal Choice of Monetary Policy Instruments in a Simple Stochastic Macro Model", *Quarterly Journal of Economics*, 84, mayo, 1970, págs. 197-216.

Posen, Adam S., "Why Central Bank Independence Does Not Cause Low Inflation: There is No Institutional Fix for Politics", en R. O'Brien (comp.), *Finance and the International Economy*, Oxford, Oxford University Press, 1993, págs. 40-65.

Posen, Adam S., "Central Bank Independence and Disinflationary Credibility: A Missing Link?", Federal Reserve Bank of New York, 1995, fotocopia.

Reserve Bank of Australia, *Reserve Bank of Australia Bulletin*, septiembre, 1994, págs. 23-24.

Rogoff, Kenneth, "The Optimal Degree of Committment to an Intermediate Monetary Target", *Quarterly Journal of Economics*, 100, noviembre, 1985, págs. 1.169-1.190.

Samuelson, Paul A., "The Fundamental Approximation Theorem of Portfolio Analysis in Terms of Means, Variances and Higher Moments", *Review of Economic Studies*, 37, octubre, 1970, págs. 537-542.

Sargent, Thomas, y Neil Wallace, "«Rational Expectations», the Optimal Monetary Instrument and the Optimal Money Supply Rule", *Journal of Political Economy*, 83, abril, 1975, págs. 241-254.

Shiller, Robert J., "The Volatility of Long-Term Interest Rates and Expectations Models of the Term Structure", *Journal of Political Economy*, 87, diciembre, 1979, págs. 1190-1219.

Shiller, Robert J., "Stock Prices and Social Dynamics", *Brookings Papers on Economic Activity*, 1984, págs. 457-498.

Taylor, John B., "Union Wage Settlements During a Disinflation", *American Economic Review*, 73, diciembre, 1983, págs. 981-993.

Theil, Henri, *Economic Forecasts and Policy*, vol. XV de Contributions to Economic Analysis, Amsterdam, North Holland, 1961, 2ª ed.

Tinbergen, Jan, *On the Theory of Economic Policy*, vol. I de Contributions to Economic Analysis, Amsterdam, North Holland, 1952, 2ª ed.

Tinsley, Peter, y Peter von zur Muehlen, "A Maximum Probability Approach to Short-Run Policy", *Journal of Econometrics*, 15 de enero de 1981, págs. 31-48.

Walsh, Carl E., "Optimal Contracts for Central Bankers", *American Economic Review*, 85, marzo, 1995, págs. 150-167.

West, Kenneth D., "A Specification Test for Speculative Bubbles", *Quarterly Journal of Economics*, 192, agosto, 1987, págs. 553-580.

Wicksell, J. G. Knut, *Interest and Prices*, 1898, traducido por R. F. Kahn, Londres, Macmillan, 1936.

Índice analítico